Roy Eugene Davis

GESUNDHEIT, HEILUNG UND ERFÜLLTES LEBEN

Roy Eugene Davis

Gesundheit, Heilung und erfülltes Leben

Eine praktische Anleitung
zu schöpferischem Ausdruck als
ein Leben-schenkender Geist.
Sie behandelt: Meditation, Gebet,
Klärung des Gemüts (Denken und Fühlen),
Ernährung und Körperübungen.
Ein umfassender Leitfaden für ein
gesundes und harmonisches Leben.

Verlag CSA • Rosemarie Schneider

Titel der Originalausgabe: »Health, Healing and Total Living«
ISBN 0-87707-174-8
Erstausgabe 1976

1. Auflage 1980
2. Auflage 1994

Verlag CSA• Rosemarie Schneider, D-61381 Friedrichsdorf

Umschlagentwurf: Dietmar E. Hannebohn
Photographien der Yoga-Asanas: Ron Lindahn
Textbearbeitung: Verlag CSA • Rosemarie Schneider
Druck: Kössinger Druck KG, 84069 Schierling

ISBN 3-922779-00-X

„Ich grüße den höchsten Lehrer, die Wahrheit, deren Wesen Freude ist, Spenderin höchster Glückseligkeit und reiner Weisheit, hinter allen Eigenschaften, unendlich wie der Himmel, hinter allen Worten, die Einzige und Ewige, rein und ruhig, hinter allen Veränderungen und Formen, schweigende Zeugin unserer Gedanken und Gefühle, – ich grüße die Wahrheit, den höchsten Lehrer.“

Alter Vedischer Hymnus

Inhalt

Vorwort I

In Anbetracht der besonderen Bedeutung und Vielseitigkeit dieses Buches haben mir fachkundige CSA-Freunde dabei geholfen:

Liesette Menet
Helmut Degner
Dr. med. A. Dippel
Dr. phil. habil. Hans Endres

Auch die Worterklärungen von Dr. Hans Endres wurden entsprechend überarbeitet und ergänzt.

Diesen Freunden sowie dem Frankfurter CSA-Team (für Korrekturlesen und sonstige unterstützende Arbeiten) sowie allen Spendern, die den Druck ermöglicht haben, möchte ich hier, auch im Namen von Roy Eugene Davis, ganz besonders herzlich danken.

Rosemarie Schneider

August 1980

Vorwort II

Die Wahrheiten werden nicht erdacht, sondern erschaut.

Johannes Müller

Noch vor wenigen Jahren war Roy Eugene Davis, Schüler von Paramahansa Yogananda, trotz der vorliegenden deutschsprachigen Übersetzung seines Buches „This is Reality" (Die Macht der Seele, erlebte Wirklichkeit) in der Alten Welt kaum bekannt. Erst die Reise von Rosemarie Schneider nach Lakemont, USA im Sommer 1977 und die folgende Gründung von CSA Europa lösten in Deutschland und den benachbarten Ländern ein zunehmendes Interesse an den Veröffentlichungen von Davis ebenso wie an dem von ihm gelehrten Kriya-Yoga aus.

Im Anschluß an ihren Besuch in den USA übergab mir Rosemarie ein mit einer persönlichen Widmung des Autors versehenes Exemplar von „Health, Healing and Total Living". Die prägnanten, alle Lebensbereiche umfassenden Anregungen für ein gesundes und glückliches Leben schienen mir schon damals der nunmehr vorliegenden Übersetzung wert.

Das vorliegende Buch darf nicht als Aufforderung mißverstanden werden, ärztliche Hilfe zu vermeiden. Auch sollte niemand in zeitgemäßer Fehlinterpretation des Titels eine „natur-wissenschaftliche" oder gar schulmedizinische Darstellung (des Themas) erwarten. Vielmehr ist die hier vorgestellte, vielen ungewohnte Betrachtung als erweiternde, sinngebende, im Feinstofflichen wurzelnde Ergänzung und nicht als Abwertung des Herkömmlichen und derzeit wissenschaflich Sanktionierten anzusehen.

Das von Davis übermittelte Wissen gründet sich auf Beobachtung, auf Erfahrung wie auf alte Tradition und bewahrt dabei doch unverminderte Aktualität. Es betont die Bedeutung der zentrierten Ruhe, die Ausgeglichenheit zwischen dem Körperlichen und den damit verwobenen Sphären der Empfindungen und Gedanken. Solches

Gleichgewicht ermöglicht Stille und innere Ordnung. Es schafft die Grundlage für ein heiteres, harmonisches Leben. Dann kann aus Gleichgültigkeit oder Hast der Gleichmut und aus dem Ernst das Lächeln wachsen, ein Lächeln, das nur in einer bewußten und unbefangenen Art, die Gegenwart zu genießen, gedeihen kann.

Wer das vorliegende Büchlein nicht nur aufmerksam liest, sondern das ihm Gemäße auch praktiziert, braucht nicht um Glück zu ringen, nicht zu hoffen. Es kommt leise und von allein.

Adolf Dippel

September 1980

Du bist ein Leben-schenkender Geist

Wenn wir erfüllt, strahlend-lebendig und in Harmonie mit der Natur sind, haben wir keine Probleme. Sind wir nicht erfüllt, nicht strahlend-lebendig, nicht in Harmonie mit der Natur, bedürfen wir der Erweckung. Gesundheit, Heilung und ein erfülltes Leben sind von jedermann zu erreichen, der die Fähigkeit hat, die mentale Einstellung zu ändern, Entscheidungen zu treffen und diese mit einfachen und praktischen Methoden zu befolgen.

Weise zu leben heißt, sich klug mit der Natur zu verbinden und in Übereinstimmung mit den Naturgesetzen Erfüllung zu erleben. Diese Gesetze bestimmen die Zirkulation der Energien, die die Welt erhalten und als die Welt erscheinen. Wir müssen daran erinnert werden, daß die Welt ein organisch Ganzes ist, daß *alles* Ausdruck *Ein- und Desselben* ist, und daß es keine gesonderten Teile gibt. Es gibt unterschiedliche Ausdrucksweisen, jedoch nur eine Substanz.

Begrenzungen und Verzerrungen auf der einen oder anderen Ebene sind das einzige, was die Absicht des Lebens, sich selbst zu erfüllen, behindert. Wenn wir es zulassen, wird sich das Leben aufgrund freier Zirkulation der Energien immer als Harmonie und Erfüllung ausdrücken. In jeder Situation ist Heilung möglich, gleichgültig, ob es um den Körper geht, um die Lebensumstände, oder um das Gefühl geistigen Mangels. Wenn die einschränkenden Einflüsse beseitigt sind, kann die Intelligenz, die das Universum lenkt, ohne Widerstand wirksam werden.

Es ist natürlich, erleuchtet zu sein, über praktische Kenntnisse zu verfügen, einen gesunden Körper, ein gesundes Gemüt und gesunde zwischenmenschliche Beziehungen zu haben. Unnatürlich ist es, unerleuchtet, unaufgeklärt, krank in Gemüt und Körper und in persönlichen Beziehungen zu sein. Wir befassen uns hier nicht mit dem, was in einigen Kreisen als normal angesehen wird; wir sehen die

Möglichkeiten von einer höheren Perspektive, von der aus Erfüllung möglich ist.

Die Grundregeln für ein Leben in Gesundheit sind seit Jahrtausenden bekannt; dennoch sind Millionen Menschen physisch krank, mental und emotional geschwächt und spirituell verarmt. Warum? Entweder wissen die Krankgewordenen nicht um die Gesetze, die Gesundheit und Erfüllung sichern, oder sie kennen diese zwar, befolgen sie jedoch nicht. Jeder, der das Gebiet der Gesundheit, der Heilung und des erfüllten Lebens studiert hat, wird erkennen, daß bestimmte Heilmethoden bei einigen Menschen wirksam sind, aber selten eine Methode bei jedem wirkt. Es gibt Sachverständige auf den jeweiligen Gebieten, die das Gebet als die Antwort auf jedes Bedürfnis empfehlen, andere betonen die Wichtigkeit der mentalen Einstellung oder der emotionalen Ausgeglichenheit, wieder andere legen die Betonung ausschließlich auf die Ernährung. Es gibt Mediziner, homöopathische Ärzte, Chiropraktiker, Akupunkteure und Reflexzonen-Therapeuten. Wir kennen Lichttherapeuten, Astrologen, Magnetopathen und Heiler, die auf feineren Ebenen wirken. Die meisten von ihnen haben bestimmte Erfolge, die sich einstellen, weil sie gewisse Bedürfnisse der Patienten befriedigen können.

Dieses Buch soll nicht eine Enzyklopädie von Heilweisen sein; es sollen lediglich in einfacher Form Richtlinien gegeben werden, die von vielen Menschen für sinnvoll und nützlich erachtet wurden.

Die hilfreichste aller Informationen

Für unsere Lebenseinstellung ist es wichtig, von Beginn an zu verstehen, wer und was wir sind. Wenn wir zuerst zu diesem Verständnis kommen, können wir klug vorgehen und Gebrauch von jeder Methode oder jedem System machen, das uns vernünftig und hilfreich erscheint.

In der östlichen Tradition beginnt ein Lehrer bei der Unterweisung eines neuen Schülers oft mit der einfachen Frage: „Wer bist Du?" Wenn der Schüler von sich glaubt, Körper, Gemüt oder eine Persönlichkeit zu sein, irrt er sich. Die Antwort auf diese Frage ist: „Höchstes Bewußtsein ist mein wahres Wesen." Das heißt, wir sind *eine Ausdehnung* höchsten Bewußtseins. Wir sind keine getrennte Schöpfung, denn der Glaube an irgendetwas, das von der Quelle getrennt ist, ist ein Trugschluß. Wenn höchstes Bewußtsein sich bis in die Materie ausdehnt (auch eine Manifestation seines Selbst), wird *Es* Seele genannt. Wenn *Es* sich mit dem mentalen Bereich identifiziert (manas – Sanskrit), wird die Seele Mensch genannt. Deshalb ist unser wahres Wesen spirituell. Wir sind Leben-schenkende Wesen, geschaffen nach dem Bilde und Wesen Gottes. So wie Gott die kosmische Seele ist, ausgestattet mit den Eigenschaften des Seins, der Intelligenz und der schöpferischen Energie – so sind wir, wie Gott, ausgestattet mit den Eigenschaften des Seins, der Intelligenz und der schöpferischen Energie.

Dadurch, daß wir uns übermäßig mit der Materie und den Gemütszuständen identifizieren, haben wir uns an die Notwendigkeit gewöhnt, Dinge von außen in uns aufzunehmen. Wenn wir vollständig bewußt oder erleuchtet sind, erkennen wir, daß uns alles Notwendige von innen zufließt. Dann werden wir durch das Licht und die Energie aus der Quelle versorgt. Bis das erreicht ist, müssen wir auf der momentanen Verständnisebene leben. Deshalb gehen wir in diesem Buch auf verschiedene Möglichkeiten ein.

Wenn wir von der bewußten Erkenntnis unseres Wesens als Leben-schenkender Geist ausgehen, brauchen wir uns nicht zu bemühen, positiv zu denken oder gesunde Lebensbedingungen zu schaffen. Wir werden ganz einfach spontan, bewußt, positiv und auf allen Ebenen mit der Natur in Übereinstimmung sein. Wir werden ohne Bemühen einfach leben. Es geschieht ganz einfach. Wenn wir von uns sagen, wir seien krank, arm, unintelligent, schwach, verwirrt, unwissend und unfähig, etwas an unseren Verhältnissen zu ändern, leben wir aus dem Bewußtsein menschlicher Begrenzung, anstatt aus dem

Verständnis unserer wahren Identität als ein Leben-schenkender Geist. Laßt uns daher das Leben aus dem richtigen Erkennen leben, wer und was wir sind, und dann die Schwierigkeiten meistern, denen wir möglicherweise begegnen.

Die Kraft, die das Universum lenkt

Ich weiß, daß die Kraft, die das Universum lenkt, keine Begrenzungen kennt und alles bewirken kann, was sie beabsichtigt. Du erkennst: Die schöpferische Energie, die als alles erscheint und alles belebt, wird intelligent gelenkt. Die Lebenskraft, die das Leben ermöglicht, wird nicht wie Elektrizität durch die Natur oder durch den Menschen erzeugt oder gelenkt. Die Lebenskraft fließt aus der Quelle, aus dem transzendentalen Bereich bzw. aus dem Bereich höchsten Bewußtseins. Das Sanskritwort für die Lebenskraft, die ausströmt und Form annimmt, ist *Prana*. Weil die Kraft, die das Universum lenkt, das Universum auch erhält, weiß ich, daß es einen Zustand wie eine unheilbare Krankheit in Wirklichkeit nicht gibt. Ich weiß, daß diese Kraft jede notwendige Veränderung im Körper, im Gemüt und in allen persönlichen Angelegenheiten bewirken kann. Wir haben jedoch zu lernen, mit dieser Kraft zu kooperieren und die Naturgesetze der Welt zu befolgen.

Wenn die intelligent gelenkte Kraft Gottes alles bewirken kann, warum erkennen wir nicht überall um uns herum vollkommene Ordnung, Harmonie und Gesundheit? Warum gibt es Verwirrung, Disharmonie, Krankheit und Armut? Dafür gibt es eine Erklärung philosophischer Art: Das Universum ist ein „Spiel des Bewußtseins“, in dem die Energien aufeinander einwirken und sich zum Ausdruck bringen. Wenn wir die gesamte Natur als ein elektrisches Phänomen betrachten, erkennen wir drei Eigenschaften: Den positiven, den negativen und den neutralisierenden Aspekt, der den Ausgleich zwischen den Polen bewirkt. Wer mit dem positiven oder höherführenden Aspekt übereinstimmt, ist inspiriert und bewegt sich in Richtung der Erleuchtung. Wer sich mit dem negativen oder Trägheits-Aspekt in Übereinstimmung bringt, ist stumpfsinnig und bewegt sich in Richtung der Unwissenheit. Dazwischen ist man ruhelos und wird von den Eigenschaften beider Pole, sowohl von negativen als auch von positiven Einflüssen in Gemüt und Bewußtsein, bewegt.

Die Mystiker lehren: Die grundlegende Ursache von Krankheit und Begrenzung ist *Verblendung*, Mangel an Verständnis. Das sichere Heilmittel ist Erleuchtung, Erkenntnis der wahren Natur des Lebensprozesses.

Jeder Mensch, der seine persönliche Bestimmung nicht erfüllt und in Begrenzung und Einschränkung lebt, bedarf der Heilung, ebenso jeder spirituell unerwachte Mensch. Daneben gibt es einige, die zwar mental und physisch wohlauf, aber spirituell krank sind. Eines der Themen dieses Buches ist eine Anleitung zur Gesundheit von Gemüt und Körper. Sein Hauptthema ist jedoch der Weg zur Erleuchtung und Seelenverwirklichung. Das Ideal „ein gesunder Geist in einem gesunden Körper“ ist wichtig und verdient näher erklärt zu werden. Wichtiger jedoch für die Menschen auf diesem Planeten, ebenso wie für das Wohlergehen des Planeten selbst, ist das Ideal spiritueller Gesundheit, verbunden mit einem ausgeglichenen Gemüt und einem gesunden Körper. Tatsächlich kann niemand mental gesund sein ohne spirituelles Verstehen. Nur wer sein wahres Wesen als ein Leben-schenkender Geist nicht kennt, dessen Beweggründe werden völlig dem materiellen Leben entspringen, ohne einen Gedanken an das ewige Bestehen der Seele. Wir gehen durch diese Welt, wir kommen von irgendwo her und gehen irgendwo hin. Während unseres Hierseins können wir etwas Sinnvolles tun, indem wir unsere latenten Fähigkeiten entfalten und einen guten Boden für das Wachstum und den persönlichen Ausdruck aller Nachkommenden schaffen. Wir sind nicht hier, um vom Leben so viel wie möglich zu bekommen; wir sind hier, um das Beste zu geben, dessen wir fähig sind. Dies erfordert spirituelle Entfaltung und ist unsere praktische Pflicht.

Als ich vor vielen Jahren in einer Stadt einen Vortrag hielt, wurde ich von einem Mitglied der dortigen metaphysischen Gruppe gebeten, ihre Leiterin im Krankenhaus zu besuchen. Die etwa siebzigjährige Dame war ans Bett gefesselt und litt an Blut- und Harnsäurevergiftung. Ihre Schüler fragten mich: „Warum befindet sie sich in diesem Zustand? Sie ist doch so spirituell." Sie war ein anständiger Mensch und lehrte und lebte nach ihrem besten Wissen, doch sie kannte die Gesetze der Gesundheit nicht. Ich konnte nicht feststellen, wie „spirituell" sie war, doch der offensichtliche Grund für ihren Zustand war entweder falsche Ernährung oder Überlastung.

Gut zu sein, was die Welt „gut" nennt, ist keine Garantie für Gesundheit und für mentale und emotionale Harmonie. Viele feine und anständige Menschen leiden in vielfältiger Weise. Entweder wissen sie es nicht besser, oder wissen es zwar, verhalten sich jedoch nicht entsprechend. Manchmal ist dies auf tiefere Ursachen zurückzuführen: Erbanlagen, unterbewußte Bedingtheiten, fehlender Lebenswille, Groll, Schuldgefühle, Angst, Spannung, Frustration, unterdrückte Gefühle und dergleichen mehr.

Ich sehe keinen Grund, warum man nicht auf der gegenwärtigen Verständnisebene jeder Herausforderung begegnen könnte. Ich betone: Auf der Ebene eines Leben-schenkenden Geistwesens zu leben, kann auch bedeuten, praktisch vorzugehen, so wie innere Führung und gesunder Menschenverstand es eingeben. Viele Menschen auf dem geistigen Pfad essen nicht richtig, vernachlässigen die Körperbewegung und mißachten andere Naturgesetze, weil sie nicht Sklaven menschlichen Bewußtseins werden wollen. Solange wir nicht Wasser in Wein umwandeln, auf dem Wasser oder durch Wände gehen können, sollten wir, so scheint mir, an dem Spiel des Lebens mit größerer Intelligenz teilhaben. Wir brauchen nicht zu *glauben*, um Nutzen aus richtiger Ernährung oder adäquaten Körperübungen zu ziehen oder einen Körperausgleich durch chiropraktisches Einrichten zu erreichen. Wir brauchen nicht einmal an die positive Auswirkung der Meditation zu *glauben*. Auch ein Mensch, der nicht versteht, wie die Dinge wirken, wird aus Vorgängen Nutzen ziehen, die den Körper in Übereinstimmung mit der Natur bringen.

Natürlich können wir den Einfluß des Glaubens und den Nutzen einer erwartungsvollen Haltung nicht ausschließen, denn Glauben und Erwartung *können* zu einer Befreiung der Lebenskraft führen, die einen heilenden Einfluß ausübt. Wir wissen: Ein Mensch, dem wir sagen, daß er besser aussähe, wird sich auch besser fühlen. Negative Beeinflussung wirkt ebenso, sofern jemand dafür empfänglich ist. Autosuggestion ist ein wirksames Mittel, die unterbewußte Gemütsebene zu ermutigen, auf positive Vorstellungsbilder zu reagieren, die auf der bewußten Gemütsebene hervorgerufen werden.

Wir wollen in unsere Betrachtungen sowohl die allgemein bekannten als auch die esoterisch begründeten Heilmethoden einbeziehen. Wir wollen Dinge untersuchen wie Ernährung, Körperreinigung, mentale und emotionale Klärung, Meditation, Gebet, Hilfe durch andere, die Anwendung von Edelsteinen und Metallen, sowie die Handhabung von *Karma*. Wir wollen uns auch ehrlich damit befassen, wie wir das Leben betrachten und Entscheidungen treffen sollten. Das wird für einige Leser eine gewisse Herausforderung bedeuten, ist jedoch wichtig für unser Programm. Wenn wir uns mit dem befassen, was wirklich ist, können wir nicht mit Worten spielen oder Streitfragen umgehen, um das Gemüt zu beruhigen oder um der Selbsterforschung auszuweichen. Wir wollen das Leben und den scheinbaren Tod erforschen, die Geburt, unsere zwischenmenschlichen Beziehungen und unsere Beziehungen zu Weltereignissen, das menschliche Verhalten und den Willen Gottes. Es ist nicht nur unsere Absicht, den Leser zu ermutigen, ein volleres und reicheres Leben aus dem Blickpunkt menschlichen Bewußtseins zu leben, sondern vielmehr zur Seelenerweckung anzuregen und den Weg zur Befreiung des Bewußtseins zu zeigen. Den größten Nutzen wird der Leser aus diesen Informationen ziehen, wenn er sich von Anfang an engagiert und das anwendet, was ihm am praktischsten erscheint, um unmittelbare Erfahrung zu gewinnen und Ergebnisse zu erzielen.

Nicht Ich werde sein, *sondern* Ich bin

Wir wollen uns erinnern, daß unsere Einstellung und unser Blickpunkt von größter Wichtigkeit sind, wenn wir erfolgreich Änderungen erreichen wollen: Aus Begrenzung zu Freiheit, aus Krankheit zu Gesundheit, aus Armut zu Überfluß und aus Entmutigung zu Vertrauen. Noch bevor wir äußere Ergebnisse sehen, müssen wir lernen, *aus der inneren Verwirklichung der Erfüllung* zu leben, denn was sich in unserem Leben ausdrückt, ist die Widerspiegelung unseres inneren Verstehens und Wissens. Deshalb bejahen und erkennen wir: *„Ich bin ein Leben-schenkender Geist, nach dem Bilde und Wesen Gottes geschaffen, und Freiheit und Gesundheit sind mein Erbe."* Sprich dies ruhig aus, bis es in Deine unterbewußte Gemütsebene sinkt und im Innersten Deines Wesens akzeptiert wird.

In unserem Innersten sind wir weder begrenzt noch eingeschränkt. Die Begrenzungen, sofern wir welche haben, betreffen nur die Hüllen der Seele. Diese Hüllen bestehen aus einem feinstofflichen magnetischen Feld, dem Gemüt und dem physischen Körper. Solange wir uns völlig mit dem Gemüt, der Gefühlsnatur und dem physischen Körper identifizieren, sind wir mit Sicherheit von allem beeinflußt, was gegenwärtig um uns geschieht. Deshalb ist in den meisten Fällen Läuterung und Klärung notwendig.

Tun wir nun den ersten Schritt in Richtung Gesundheit und erfülltes Leben – wir lernen, *in unserer Mitte* zu sein, im *Hier* und *Jetzt* in unserem psychischen Bereich. Wir sind bereits hier und jetzt in der Raum-Zeit-Welt. Doch möglicherweise denken wir zu sehr über die Vergangenheit nach oder planen dermaßen für die Zukunft, daß wir nicht fähig sind, die Gegenwart zu genießen und zu schätzen. Bei Gedanken zu verweilen wie: „Die Vergangenheit war besser" oder „ Die Zukunft wird besser sein", ohne zu lernen, im *Jetzt* zu leben, läßt uns durchs Leben treiben ohne in richtige Beziehung mit dem zu kommen, was *ist*. Sich an die Vergangenheit zu erinnern und diese Erinnerungen mit gegenwärtigen Plänen in Beziehung zu bringen, ist natürlich. Für die Zukunft zu planen, ist nicht nur natürlich, sondern sogar ideal. Oft jedoch nehmen wir die Zukunft vorweg, ohne dem Augenblick gerecht zu werden, weil wir zu sehr in Anspruch genommen sind von der Vorstellung, was sein würde, „wenn das Ziel erreicht ist, wenn wir angekommen sind, wenn alles besser geht, wenn wir die letzten Schwierigkeiten überwunden haben." Wenn wir die Segnungen des Augenblicks nicht schätzen können, wie können wir dann Segnungen und Gelegenheiten der Zukunft schätzen?

Ein freier Mensch, der die Erinnerungen an vergangene Erfahrungen gut bewältigt und sinnvolle Ziele für die Zukunft setzt, ist fähig, den Augenblick zu schätzen. Er klebt nicht an der Vergangenheit und träumt nicht ständig von der Zukunft. Wir sind angehalten, aus dem Gewahrsein des „Ich bin" zu leben und klar zu erkennen und anzuerkennen, was sich im Augenblick tut. So werden wir auch in einer veränderten Raum-Zeit-Situation in unserer Mitte bleiben, – dessen bewußt, wer und was wir sind, und fähig, das zu schätzen und anzuerkennen, was im Augenblick geschieht. Ereignisse und Beziehungen bleiben nicht ewig, was und wie sie im Augenblick sind, neue werden uns begegnen. Das entspricht dem Strom der Natur, dem „immerwährenden Fluß" des Weltgeschehens. Formen und Beziehungen verändern sich so, wie die Energien fließen, das Leben jedoch ist immer frisch und unermüdlich. Wir können ebenso unermüdlich, frisch und erfüllt (zufrieden) sein, wenn wir lernen, den natürlichen Fluß der Geschehnisse vom richtigen Blickpunkt aus zu betrachten.

Ist etwas falsch daran, in der Welt zufrieden zu sein?

Wir müssen uns diese Frage stellen, wenn wir in dieser Welt vollkommen gesund sein wollen. Wie ist Deine „innerste Reaktion" auf diese Frage? Denke nicht darüber nach, sondern *erfühle* die Antwort. Sie könnte eine Offenbarung sein.

Viele Menschen haben die Einstellung, daß der Himmel oder die Erfüllung eine zukünftige Möglichkeit sei und ihr gegenwärtiges Leben eine Zeit der Plage, der Prüfung, des Kampfes und des Leidens als

Vorbereitung auf eine bessere Zukunft. Vielen Menschen verbietet ihre religiös-philosophische Einstellung, sich ihrer Sinne zu erfreuen, glücklich, erfüllt und erfolgreich zu sein. Aus diesem Grund bringt ihr Unterbewußtsein es fertig, sie krank, unglücklich und arm erscheinen zu lassen. Haben wir nicht alle schon einen Menschen sagen hören: „Das Leben ist so schön, und die Dinge laufen so gut, daß es nicht lange dauern kann!" Viele Menschen, die gesund, schöpferisch und erfolgreich sind und sich einer reifen sexuellen Beziehung erfreuen, fühlen sich schuldig, weil es ihnen so gut geht. Sie fragen sich, ob sie „spirituell" sein und zugleich ein volles Leben in dieser Welt führen können. Es gibt viele Menschen, die bestimmt nichts Unrechtes tun, jedoch eine negative Vorstellung von sich selbst haben und sich unwert fühlen. Dadurch bestrafen sie sich selbst und stören so das Streben der Natur nach Gesundheit und Vollkommenheit.

Ein Mensch sagt vielleicht: „Ich weiß, daß es so ist, aber ich kann nicht danach handeln." Diese negative Einstellung sinkt ins Unterbewußtsein und pflanzt dort den Samen der Selbstvernichtung und Begrenzung. Wenn wir lernen, Gesundheit, Lebenskraft, Kreativität und geistiges Gewahrsein zu bejahen, werden wir bald Bedingungen zum Ausdruck bringen, die diese Bejahungen widerspiegeln. Laßt uns niemals etwas bejahen, was wir nicht in unserem Leben verwirklicht sehen möchten.

Im *Vaterunser* bitten wir, daß der göttliche Wille geschehe, wie (bereits geschehen) im Himmel. *Erwarten* wir wirklich, daß sich himmlische Zustände auf Erden realisieren werden? Können wir das als möglich akzeptieren? Ein hoher Meister sagte zu einem Schüler: „Einige Sterbliche erkennen, daß sich das Himmelreich in vollem Umfang auf diese Erde erstreckt." Weise verkünden uns, daß dereinst diese Welt das Licht, die Schönheit und die Harmonie feinstofflicher Bereiche vollkommen widerspiegeln wird. Tragen wir in unserem Denken, Tun und Gewahrsein unseren Teil dazu bei, diese idealen Bedingungen wirklich zum Ausdruck zu bringen? Das Leben wirkt durch jene, die für den Strom offen sind. Wenn wir von anderen erwarten, Harmonie und Erfüllung in diese Welt zu bringen, so daß wir Nutzen daraus ziehen können, bewahren wir ein Bewußtsein der Begrenzung und Einschränkung und drücken uns vor unserer wahren Aufgabe. Wenn wir im Bewußtsein nicht vorbereitet sind, werden wir nicht fähig sein, an der neuen Weltordnung mit ihren harmonischen Bedingungen teilzuhaben. Es ist nichts Unrechtes daran, die materiellen Güter dieser Welt weise zu gebrauchen. Es ist nichts Unrechtes daran, bewußt zu sein und in Übereinstimmung mit dem Strom der Natur zu leben. Tatsächlich ist es *unsere Pflicht*, zu lernen, richtig und mit einer positiven Einstellung zu leben. Wir müssen außerdem lernen, die gewünschte mentale Haltung und gesunde Einstellung zum Leben beizubehalten, sonst wird die Heilung nur vorübergehend sein. Wenn wir nicht bewußt genug sind, die neue Situation oder Einstellung zu bewahren, werden wir bald in problemorientierte Lebensweisen zurückfallen. Jesus ermahnte den von ihm Geheilten: „Gehe und sündige hinfort nicht mehr", damit die Heilung von Dauer sei. *Sündigen* heißt, nicht im Einklang mit den Naturgesetzen zu leben. Das Wichtigste ist, destruktive Verhaltensweisen aufzugeben und durch konstruktive zu ersetzen.

Ein realistischer Schritt zur Heilung

Wenn es ein Problem gibt, müssen wir es zuerst erkennen und dann überzeugt sein, daß eine Lösung dafür zu finden ist – denn sie ist zu finden. Dann müssen wir Schritte tun, die eine Änderung in unserem äußeren Leben bewirken. Stellen wir uns einige Fragen und seien wir ehrlich in der Selbsbetrachtung.

1. Folgen wir unseren spirituellen Pflichten? Ja ( ) Nein ( ).
   Falls nicht, wollen wir heute damit beginnen. Wir wollen meditieren, beten und uns täglich mit inspirierender Lektüre beschäftigen. Wir wollen die Einstellung beibehalten: „Ich bin ein Lebenschenkender Geist".

2. Beachten wir die gesundheitlichen Bedürfnisse des Körpers? Ja ( ) Nein ( ).

   Falls nicht, wollen wir auf richtige Ernährung, auf entsprechende Körperübungen und genügend Ruhe achten. Wir wollen für Körperreinigung sorgen, falls erforderlich durch eine reinigende Diät – und wir wollen *heute* damit beginnen. Brauchen unsere Zähne eine Behandlung, wollen wir uns *heute* beim Zahnarzt anmelden. Bedürfen wir einer ärztlichen Untersuchung oder einer chiropraktischen Behandlung, wollen wir auch *heute* für einen Termin sorgen. Wir wollen nicht aufschieben, was getan werden muß, aus Angst oder Bequemlichkeit, oder weil wir dazu neigen, in der Phantasie zu leben.

3. Ist unser Gemüt geordnet? Ja ( ) Nein ( ).
   Falls nicht, wollen wir uns darin üben, von diesem Moment an eine positive mentale Einstellung beizubehalten. Wenn wir schlecht über andere denken oder sie bewerten, wollen wir mit dieser sinnlosen oder selbstzerstörerischen mentalen Gewohnheit aufhören. Falls erforderlich, wollen wir uns befreien von Groll, Neid, Eifersucht, Haß, Vorurteil und einem Gefühl satter Selbstgerechtigkeit. Gedanken an Krankheit, Armut und Unwürdigkeit wollen wir durch Gedanken an Gesundheit, Wohlergehen und Selbstannahme ersetzen. Verweilen wir bei Erinnerungen an eine leidvolle Vergangenheit, laßt uns in diesem Moment damit aufhören. Fürchten wir uns vor der Zukunft? Dann laßt uns auf Gott hoffen und ihm vertrauen. Bejahen wir „Ich kann nicht lernen, ich bin nicht gescheit genug, ich bin nicht fähig“ oder ähnliches? Wir wollen uns nicht durch Bejahung von Begrenzung und Unfähigkeit einen schwachen Zustand suggerieren. Negatives Denken ist eine Gewohnheit. Positives Denken kann auch eine Gewohnheit sein und ist weit lohnender. Versäumen wir, klar zu denken und klug zu planen, so wollen wir jetzt damit beginnen, indem wir unsere Pläne und Vorhaben *niederschreiben*, und indem wir Eingebungen zur Erreichung unserer Ziele kurz notieren und unsere Pläne ausführen.

4. Sind wir emotional unbeständig? Ja (   ) Nein (   ).
Falls ja, wollen wir auf physische und mentale Gesundheit achten und unsere Umgebung in Ordnung bringen. Wir wollen notwendige Entscheidungen treffen und jetzt handeln. Laßt uns nicht „frühere Erziehung, unglückliche Umstände, Karma oder planetarische Aspekte" verantwortlich machen. Furcht, Ängstlichkeit, Verwirrung und Mangel an Lebensfreude tragen zu emotionaler Unbeständigkeit bei. Wir wollen negative und destruktive Gefühle durch positive und konstruktive Gefühle ersetzen. Denken, Fühlen und Handeln sollte übereinstimmen.

5. Haben wir gute Beziehungen zu anderen? Ja (   ) Nein (   ).
Falls nicht, wollen wir lernen, unsere Beziehungen mit der nötigen Reife zu pflegen und vernünftig miteinander umzugehen. Wir wollen lernen, zu leben und leben zu lassen, und niemals versuchen, andere zu kontrollieren oder zu beherrschen. Ebensowenig sollten wir anderen erlauben, uns zu kontrollieren oder zu beherrschen. Sollte es notwendig sein, Einstellungen oder Verhaltensweisen zu ändern, laßt uns heute damit beginnen.

6. Sind wir an unserem richtigen Platz, und erfüllen wir unsere Bestimmung und unsere Aufgabe im Leben? Ja (   ) Nein (   ).
Falls nicht, wollen wir um innere Führung bitten und klar und objektiv denken. Dann laßt uns tun, was wir tun können, um notwendige Veränderungen herbeizuführen. Das Leben wird seinen Teil dazu beitragen, wir müssen das Unsrige tun. Es mag sein, daß wir in unserer gegenwärtigen Umgebung beengt und unterdrückt sind. So laßt uns entweder unsere Einstellung oder unsere Umgebung ändern. Wir können es.

7. Haben wir eine gesunde Einstellung zum Geld? Ja (   ) Nein (   ).
Falls nicht, wollen wir diese Angelegenheit unter dem Aspekt wahren Wohlstandes näher betrachten. Wohlstand bedeutet nicht Geld. Wohlstand bedeutet die Verfügbarkeit der notwendigen Substanz oder der Dinge, die wir zur Erfüllung unserer Bedürfnisse benötigen. Geld ist ein Mittel, eine Dienst-Leistungs-Einheit,

ein Tauschmittel. Wenn unsere Einstellung richtig ist und wir im Bewußtsein offen sind, werden wir auch offen sein für den Zustrom von Energie, in welcher Form auch immer wir sie benötigen, um uns vollständig auszudrücken. Wenn Geld erforderlich ist, wird es vorhanden sein, wenn wir Dinge brauchen, werden sie zur Verfügung stehen, wenn wir Ideen benötigen, werden sie auftauchen, wenn wir der Unterstützung durch andere bedürfen, wird diese da sein. „Das Bewußtsein der Gegenwart des Lebens (Gottes) ist die Quelle aller Versorgung und kann und wird alle menschlichen Bedürfnisse befriedigen, zur rechten Zeit und im Überfluß.“ Diese Einstellung müssen wir haben:

„Ich bin ein Leben-schenkender Geist. Mögen Gesundheit, Harmonie und wahre Erfüllung von nun an das Gesetz unseres Lebens sein.“

Körper und Gemüt für Gesundheit und Erfüllung vorbereiten

Wir empfehlen absichtlich am Anfang dieses Buches einen nützlichen Übungsplan für die tägliche Praxis. So kann sich der Leser unmittelbar auf den Lebensprozeß einstellen und sich für Wohltaten öffnen, die sich ganz natürlich daraus ergeben. Wir sollten immer die Einstellung beibehalten, daß wir ein Leben-schenkender Geist sind mit dem Verständnis, daß wir Gesundheit und natürliche Funktion nicht *verursachen*, sondern *erlauben*. Die angeborene Intelligenz sorgt für Gesundheit und für gute Funktion, wenn ihr die Gelegenheit dazu gegeben wird. So ist unsere Einstellung; und was immer wir tun, dient dem Zweck, den schöpferischen Energien zu erlauben, zu fließen, zu zirkulieren und ihren Zweck zu erfüllen.

Einigen Menschen mit einer guten Konstitution, die entgegen den natürlichen Gesetzen leben, scheint es dennoch recht gut zu gehen. Ich erwarte nicht, daß der Leser meine Anregungen befolgt, jedoch hat sich das hier Empfohlene bei vielen Menschen seit Jahren als hilfreich erwiesen. Meine Empfehlung: Der Leser möge das anwenden, was ihm hilfreich erscheint, und sich dem gesamten Programm vorbehaltlos öffnen.

Wenn wir uns eine tägliche Routine aneignen, die den Fluß der natürlichen Kräfte ermöglicht, müssen wir folgendes sicherstellen: In unserer Mitte, im Gewahrsein unserer wahren Natur als spirituelle Wesen zu bleiben, uns nicht mit dem Körper zu identifizieren oder von Ernährungsfragen, Übungen und Techniken bestimmen zu lassen. Wir leben aus dem Selbstverständnis, daß wir Leben-schenkender Geist sind, und wir befolgen Übungen, weil sie uns die Chance geben, strahlende Gesundheit zu erlangen. Dann können wir den Sinn unseres Daseins hier auf Erden leicht erfüllen. Körperliche Gesundheit ist wichtig, jedoch nicht der einzige Zweck unseres Lebens. Wir sind hier, um einen nützlichen Dienst zu leisten und unsere Beziehung zu Gott zu verwirklichen. Wir trachten nach einem vollkommenen Leben, nach Erfüllung in allen Bereichen persön - lichen Ausdrucks.

Reinigung und Entgiftung des Körpers

In einem späteren Kapitel beschäftigen wir uns ausführlicher mit der Ernährung. Die Nahrung sollte natürlich und klug zusammengestellt, gut gekaut und darauf abgestimmt sein, die Bedürfnisse des Körpers zu decken. Überernährung schadet unserem Organismus, daher ist es notwendig, in diesem Punkt diszipliniert zu sein. Was wir essen, versorgt den Körper mit „Brennstoff“ und wird Bestandteil desselben. Dessen eingedenk werden wir bestrebt sein, vernünftig zu essen. Da viele Menschen aufgrund unrichtiger Ernährung, unzureichender körperlicher Betätigung und mangelhafter Ausscheidung überflüssige Stoffe im Körper angesammelt haben, ist ein Reinigungsprozeß angebracht.

1. *Die Morgenroutine* – Nimm Dir genügend Zeit und sorge für die Ausscheidung von Schadstoffen, die sich während der Nacht angesammelt haben; reibe den Körper kräftig mit einem rauhen Tuch, um verbrauchte Zellen zu entfernen und den Blutkreislauf anzuregen. Reinige den ganzen Körper einschließlich der Füße mittels einer Dusche.

Zwei- oder dreimal pro Woche gib eine Prise Salz in eine flache Schale und fülle sie mit körperwarmem Wasser, neige den Kopf darüber, schließe ein Nasenloch mit dem Finger und ziehe das lauwarme Wasser *sanft* durch das andere Nasenloch ein. Wiederhole dasselbe mit dem anderen Nasenloch und spucke jedesmal die Flüssigkeit durch den Mund wieder aus. Dadurch löst sich der Schleim in den Nasennebenhöhlen und in der Kehle. Yogalehrer sagen, daß dies auch eine gute Übung für die Augen sei, weil sie die in diesem Teil des Kopfes wirksamen Nerven anregt. Es wird auch gesagt, daß durch diese Art der Anregung Lebensströme durch die Sehnerven zurückgeleitet und so die Drüsen an der Hirnbasis „massiert“ werden.

2. *Übungen* – Einige Minuten leichter Körperübungen können sehr hilfreich sein. Ein paar Yogaübungen oder andere einfache Dehnübungen genügen. Yogastellungen sind ideal: Sie bringen größten Nutzen in kürzester Zeit, verbessern die Blutzirkulation und Lymphtätigkeit, gleichen die Muskelspannung aus, machen die Wirbelsäule geschmeidig und regen die Drüsentätigkeit an. Schließe mit einigen Atemübungen ab.

3. *Gebet und Meditation* – Setze Dich ruhig hin und erflehe die Gegenwart Gottes; *fühle* die Gegenwart Gottes. Dann meditiere wie gewohnt etwa 20 bis 30 Minuten. Erhebe Dich aus dieser Übung mit dem inneren Wissen: „Ich bin ein Leben-schenkender Geist, ich bin von Gott geführt, von Gott inspiriert und von Gott erfüllt."

4. *Frühstück* – Dies ist eine Angelegenheit persönlichen Geschmacks. Wir betonen ausdrücklich, daß das Essen unserem Bedürfnis und nicht einer Gewohnheit oder Tradition entsprechen soll. Ich mache es so: Nach meinen morgendlichen Übungen trinke ich ein Glas warmen Wassers, in das ich den Saft einer halben Zitrone gebe; etwas später kaue ich 5 bis 7 schwarze Pfefferkörner und spüle diese mit einem Schluck Apfelweinessig mit Honig hinunter (siehe das spezielle Kapitel über Ernährung). Wenn festere Nahrung gewünscht wird, empfiehlt sich eine Banane oder ein Apfel. Das Mittagessen ist leicht: Zum Beispiel ein Gemüsesalat. Das Nachtessen ist maßvoll: Ein Gemüsesalat, brauner Reis, ein kurzgedünstetes Gemüse oder was sich gerade als passend erweist. Essen soll eine heilige Handlung sein. Wir ernähren den Tempel unseres Körpers. Anerkenne die Quelle, aus der die Nahrung kommt, und anerkenne die Lebenskraft, die für das Wohl des Universums sorgt.

5. *Beginne den Tag mit Begeisterung* – Wenn unser Leben wohlgeordnet ist und wir tun können, was wir gerne tun, wenn unsere Umgebung und unsere Verhältnisse mit unserer mentalen Einstellung und unserem Bewußtseinszustand übereinstimmen, können wir den Tag mit Begeisterung beginnen. Bevor wir zu Bett gehen, machen wir einen Plan für die Tätigkeiten des kommenden Tages. Auf diese Weise

haben wir eine Richtlinie und ein Ziel, und wir beginnen die Aufgaben des Tages ohne Verzögerung. Dann und wann werden Umstände oder der persönliche Rhythmus eine festgesetzte Routine stören; das wird vorübergehen – es ist immer nur zeitweilig. Wenn wir geduldig, ausgeglichen und optimistisch bleiben, werden wir bald zu einer normalen Lebensweise zurückfinden. Wir wollen offen, entspannt und heiter sein. Das Leben braucht weder Kampf noch eine Reihe von Problemen zu sein. Wir sind hier, um zu dienen und um ein Kanal zu sein, durch den sich der göttliche Wille erfüllen kann. Mit der Einstellung tätig zu sein, daß wir in Partnerschaft mit Gott sind, führt zur Freiheit; das gibt uns die Gelegenheit, unsere Bestimmung zu erfüllen, klärt das Unterbewußtsein und erweckt die Erkenntnis der wahren Ordnung der Dinge.

6. *Die abendliche Umstellung* – Am Ende des Arbeitstages (unserer Zeit, die uns Gelegenheit zum Dienen gab) können wir uns nochmals eine halbe Stunde gönnen für Körperreinigung und -übungen, für Gebet und Meditation. Das wird aufgestaute Spannungen lösen, das Gemüt klären und Ruhe und Erholung bringen. Dann sind die Abendstunden entspannt und angenehm.

7. *Vorbereitung auf den Schlaf* – Die letzte Stunde vor dem Einschlafen kann eine Zeit der Entspannung sein, eine Zeit, sich an persönlichen Beziehungen zu erfreuen und ein inspirierendes Buch zu lesen. Dies bringt unserem Gemüt aufbauende Ideen und stimmt unser Bewußtsein auf Gott ein (dies kann auch eine Gelegenheit sein, um über die Pläne des kommenden Tages ein paar Notizen zu machen). Dann gehe schlafen und fühle Dich eingehüllt in Gottes Gegenwart. Während wir schlafen, wird sich Gott unser und der Welt annehmen.

Klärung des Gemüts

Wenn wir diesen Vorschlägen gemäß leben, werden wir ganz natürlich eine mentale und emotionale Läuterung erfahren. Wenn wir uns vor der Meditation am Morgen entspannen und niedersetzen, erlauben wir dem Gemüt, sich zu klären. Wir öffnen uns nach innen und fühlen uns frei und in Harmonie mit dem Leben. Sollten wir Problemen gegenüberstehen, lassen wir sie für diesen Moment los. Gefühle des Bedauerns, der Furcht, der Schuld, des Grolls oder der Frustration und Gedanken dieser Art wollen wir wenigstens für die Dauer der Meditation aus unserem Innern *wegspülen*.

Während des Tages versuchen wir positiv und glücklich zu bleiben. Vermeide Geschwätz, nichtiges Gerede und jede Verwicklung, die Dich aufs neue mental oder emotional in Schwierigkeiten bringen oder sich nachteilig auswirken könnte. Sei selbstsicher, furchtlos, und vertraue immer auf Gott.

Die Wichtigkeit des Tuns

Unsere täglichen Übungen verstärken unsere Absicht, in Harmonie mit der Natur zu leben, und beseitigen Hindernisse, so daß die Lebensströme fließen können. Positives Denken ist schon sehr hilfreich, doch positives Tun noch weit mehr.

Wenn wir täglich üben, erkennen wir, daß wir wachsamer und *bewußter* und in größerer Harmonie mit der Welt sind, in der wir leben. Wir erkennen, daß unsere Intuition erwacht, unser Unterscheidungsvermögen schärfer wird, und wir uns der inneren Führung sicherer werden. Die Wertschätzung des Lebens steigert sich, unsere Beziehungen zur Familie, zu Freunden und Mitmenschen verbessern sich. Das bezeugt jeder, der den Wert täglicher Übungen kennt.

„Ich bin ein Leben-schenkender Geist, und ich bin jetzt in Harmonie mit der Kraft, die das Universum lenkt. Ich bin gesund, bewußt und vollkommen erfüllt in jedem Aspekt meines Seins und in jedem Aspekt meiner Lebenserfahrung."

Atme dich gesund

Wir wissen, daß wir beim Einatmen Sauerstoff aufnehmen und Kohlensäure mit der verbrauchten Luft ausatmen. Doch das Geheimnis des Atmens reicht tiefer, und wir können aus der Regulierung des Atemrhythmus und damit der Lebenskräfte im Körper großen Nutzen ziehen. Durch Aufnahme von Sauerstoff in Form von Ionen (elektrisch geladene Teilchen) kann der Körper genährt werden. Wir erlangen Kontrolle über die Bewußtseinszustände und sogar über das Gemüt, durch Lenken der zirkulierenden Lebenskraft im Körper. Gewisse Atemübungen können die chemische Zusammensetzung des Blutes verändern und Heilungsprozesse fördern.

Die Lebenskraft fließt durch das Nervensystem und feinstofflichere Kanäle, die nicht Teil des Nervensystems sind. Die Lebenskraft wird durch die Chakras oder Lebenszentren verteilt, wobei sie ihre Frequenzen ändert, um verschiedene Funktionen zu erfüllen.

Es ist nicht allgemein bekannt, daß der Atem nicht gleichmäßig durch beide Nasenöffnungen strömt. Das Einströmen wechselt während des Tages von Zeit zu Zeit und hat Einfluß auf den gesamten Organismus. Wenn der Atem mehr durch das rechte Nasenloch strömt, ist die linke, wenn der Atem stärker durch das linke Nasenloch strömt, die rechte Gehirnhälfte stärker elektrisch aktiv.

Ist die Atmung auf der rechten Nasenseite vorherrschend, wird mehr Hitze produziert, und die Körperchemie tendiert zur sauren Seite. Dominiert die linksseitige Atmung, ist der Organismus kühler und entspannter, das Säuren-Basen-Gleichgewicht tendiert mehr zur alkalischen Seite. Der rechtsseitige Atem ist der Sonnen- und der linksseitige der Mond-Atem. Die Sonne ist die positive und der Mond die negative Polarität. Wenn Energie auf der linken Gehirnhälfte konzentriert wird (rechtsseitige Einatmung), ist man aktiver, gesprächiger, extravertierter, schöpferischer, männlicher, – eben von der Sonne beeinflußt. Wird Energie auf der rechten Gehirnhälfte konzentriert (linksseitige Einatmung) ist man passiver, gefühlsmäßig ansprechbarer, empfänglicher für akustische und optische Eindrücke, weiblicher, – eben vom Mond beeinflußt. Ist die beidseitige Einatmung gleichstark, ist der Organismus ausgeglichen. Solche Zeiten eignen sich am besten für Meditation und Yogaübungen. Das gleichmäßige Einströmen stellt sich im allgemeinen während der Stunden des Sonnenauf- und -untergangs ein, sowie dann, wenn während des Tages der Atemstrom wechselt.

Der Luftstrom durch das eine oder andere Nasenloch beeinflußt die sensorischen Nerven entlang der Nasenkanäle, und dies wiederum beeinflußt den Ursprung der Nerven im Gehirn. Einatmen durch die rechte Nasenseite konzentriert die Nervenenergie auf der rechten, Einatmen durch die linke Nasenseite dagegen auf der linken Körperseite.

Eine verstopfte oder teilweise verschlossene Nasenöffnung führt zu ungleicher Körperchemie. Indem wir durch gelenkte Atmung die Energieströme im Körper täglich regulieren, können wir das Nervensystem kräftigen und den Körper ins Gleichgewicht bringen. Hier einige einfache Atemübungen, die jedermann gewinnbringend anwenden kann: Es sind Methoden, die den Strom der Lebenskraft im Organismus regulieren.

1. *Reinigung der Lungen* – Diese Übung ist nutzbringend, so oft wir das Bedürfnis danach haben, nachdem wir in einer Umgebung gewesen sind, in der die Luft verschmutzt war, am frühen Morgen, wenn wir die während des Schlafes angesammelte Kohlensäure abgeben wollen, oder nach einer Zeit des Sitzens und der Ruhe, während der wir nicht zum gründlichen Atmen gezwungen waren: Beuge Dich vor, die Hände auf die Oberschenkel gestützt, atme ziemlich tief ein, dann stoße die ganze Luft vollkommen aus der Lunge. Wiederhole das einige Male.

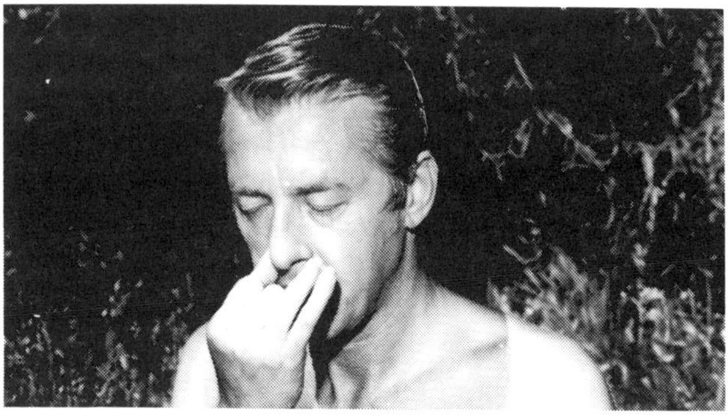

2. *Wechselseitiges Atmen* – Diese Übung eignet sich für morgens und abends vor der Meditation. Hebe die Hand zur Nase, atme aus, schließe das rechte Nasenloch mit dem Daumen und atme langsam und tief ohne jede Anstrengung durch das linke Nasenloch ein. Halte den Atem an, solange es angenehm ist, ohne Dich anzustrengen. Atme durch das rechte Nasenloch aus, während Du das linke geschlossen hältst. Atempause, solange sie ohne Anstrengung möglich ist. Wiederhole diese Übung fünf- bis zehnmal. Es ist wirklich sehr einfach: durch das rechte Nasenloch einatmen, anhalten, durch das linke Nasenloch ausatmen, anhalten. Abschließend durch beide Nasenlöcher tief ein- und ausatmen und entspannen.

3. *Blasebalgatmung* – Sitze aufrecht, atme einige Male ziemlich tief ein und aus, atme etwa zur Hälfte ein und halte an. Folgende Ein- und Ausatmung *über die Nasenspitze*: Atme in kurzen und sanften Stößen ein und über den oberen Teil der Lunge aus, – fünf- bis zehnmal. Atme aus, dann atme tief ein und lasse den Atem fließen. Wiederhole dies zwei- bis dreimal. Diese Übung erzeugt Energie im Körper und stärkt die Nervenkraft.

Achte während dieser Übungen darauf, daß Du Dich nicht überanstrengst oder den Körper über seine Warnzeichen hinaus antreibst, die sich als Schwindel, Ohnmacht oder körperlicher Schmerz zeigen können. Durch regelmäßiges Üben wächst allmählich die Leistungsfähigkeit.

Während des Einatmens können wir das Einströmen bestimmter Farben in den Organismus visualisieren, um den Körper zu kräftigen. Die Lebenskraft ist aus den verschiedenen Farben des Spektrums gebildet, und diese Farben können durch kontrolliertes Atmen und durch Visualisieren angezogen werden. In einem späteren Kapitel lernen wir, welche Wirkung die verschiedenen Farben auf unseren Körper haben. Danach üben wir entsprechend.

In Phasen tiefer Konzentration können wir beobachten, daß unsere Atmung gewöhnlich sehr flach ist. Während der Meditation erleben wir nicht selten, daß der Atem beinahe aussetzt. Das kommt daher, daß die Energien ausgeglichen sind und die Lebenskraft auf tieferen Ebenen wirkt, um den Körper zu erhalten. Dieser Vorgang ist natürlich und kein Grund zur Besorgnis.

Wir können die Verdauung anregen, indem wir vor und nach dem Essen einige Minuten lang kräftiger durch das rechte Nasenloch einatmen, während wir das linke Nasenloch schließen. Wenn wir uns nach dem Essen zehn oder zwanzig Minuten auf der linken Körperseite niederlegen, bewirken wir ebenfalls, daß die Atmung stärker auf der rechten Seite strömt und einen Zustrom von sonnenhafter Energie mitsichbringt. Wird im Körper mehr Wärme benötigt, fördert man die rechtsseitige Atmung. Wird mehr Kälte benötigt, wird die linksseitige Atmung gefördert. Bei innerer Ruhe und völliger Harmonie mit der Natur fließen die beidseitigen Ströme spontan, den persönlichen Bedürfnissen entsprechend.

Gebet, Meditation, Singen, hohes Streben und richtiges Atmen können schlafende Energien im Körper erwecken und physische und mentale Umwandlung bewirken. Laßt uns wissen:

„Ich bin ein Leben-schenkender Geist, und ich arbeite immer in Harmonie mit den Kräften der Natur. Die Lebenskraft durchströmt mich und harmonisiert und reguliert den gesamten Organismus.“

Yoga-Asanas für Gesundheit und Erfüllung

Es ist schon lange bekannt, daß gewisse Körperstellungen die Blutzirkulation und Lymphtätigkeit sowie das Nervensystem günstig beeinflussen. *Yoga-Asanas* (Yogastellungen) sind mehr als nur Körperübungen. Aufmerksames Üben führt zu größerem Körpergewahrsein und zu einem klaren Bewußtseinszustand. Ideal ist es, die Asanas in meditativer Einstimmung zu üben, so daß das Geschehen aus tieferen Ebenen fließt. Wir sollten jede Anstrengung vermeiden, die zu Übermüdung führen kann, und in Gruppenarbeit sollte kein Wetteifer unter den Teilnehmern aufkommen. Jeder Übende hat seine eigene Fähigkeit, daher ist die Dauer einer Stellung sowie die Fertigkeit, in diese zu gelangen, individuell verschieden.

Es ist ganz natürlich, daß gemäß dem Körpertyp und der Beweglichkeit einige Stellungen leichter auszuführen sind als andere. Ruhiges, aufmerksames Üben bringt den größten Gewinn. Durchschnittlich genügen zwanzig Minuten für diese Übungen. Wir sollten darauf achten, bei jeder Übungsreihe alle Bereiche unseres Körpers einzubeziehen. Hier eine empfohlene Übungsreihe, die nach der morgendlichen oder abendlichen Reinigung und vor der Meditation vorgenommen werden kann. Die beschriebenen Sitzhaltungen können auch gut als Meditationsstellungen beibehalten werden.

Die vollkommene Stellung

Diese Stellung wird so genannt, weil sie von Yogis bevorzugt wird, die durch Meditation zur Befreiung des Bewußtseins gelangen wollen. Mit anderen Worten: Diese Stellung ist gut für jemanden, der die Vollkommenheit in der Meditation erlangen will. Außerdem gleicht sie die Lebenskräfte im Körper aus und fördert das Erwachen schöpferischer Energie im unteren Bereich der Wirbelsäule.

Setze Dich auf den Boden mit einer Ferse unter dem After und der Ferse des anderen Fußes direkt darüber. Halte die Hände wie auf der Abbildung gezeigt. Diese Stellung eignet sich besonders gut für Atemübungen und Meditation.

Lotusstellung

Der Lotussitz ist nicht die leichteste Stellung für den westlichen Menschen. Er kann jedoch mit einiger Übung erlernt werden. Beim Raja-Yoga lenkt man die Aufmerksamkeit durch den Rückenmarkskanal nach oben und nimmt die Tätigkeit der Chakras und ihre Ausstrahlungen wahr. Wenn die Ströme durch das cerebro-spinale System (Gehirn – Rückenmark) aufwärts fließen, sind die Chakras geöffnet wie Lotusblüten; daher ihr Name. Der Druck der Füße auf die Oberschenkel bewirkt teilweise eine Blutstauung in den Beinen und dadurch einen Zustrom von Blut in die Beckengegend. Die vermehrte Blutzufuhr nährt die Drüsen und Organe. Übe wie hier abgebildet.

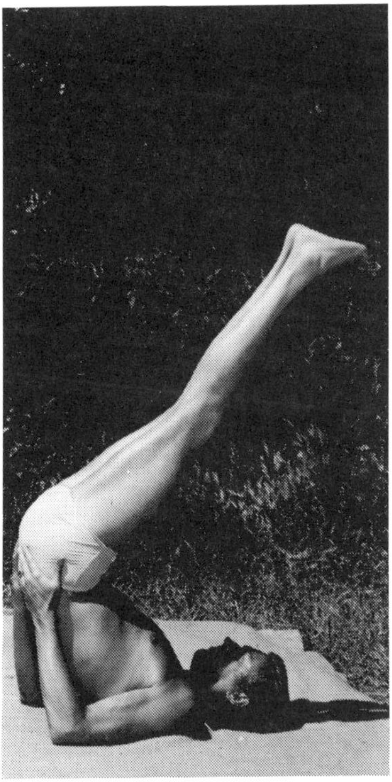

Schulterstand

Diese Stellung kräftigt den gesamten Organismus und fördert die richtige Funktion der Schilddrüse. Sie löst Spannungen in den unteren Gliedmaßen und entlastet das Herz. Gleichzeitig werden Gehirn und Augen vermehrt mit Blut versorgt.

Beginne in einer entspannten Lage auf dem Rücken. Bringe dann die Beine langsam und gleichmäßig nach oben und vollziehe die Stellung so gut wie möglich. Wenn die vollkommene Stellung nicht erreicht werden kann, verharre in einer annähernden Stellung, solange es ohne Anstrengung möglich ist. Dann kehre langsam zur Ausgangsstellung zurück. Ruhe Dich aus. Wiederhole nach Belieben zwei- bis dreimal und entspanne.

Pflugstellung

Die wohltuende Wirkung ist ähnlich wie beim Schulterstand, doch der Pflug gibt der Wirbelsäule eine Dehnung. Beginne in üblicher Weise und bringe Dich allmählich und sachte in die Stellung. Bleibe, solange Du bequem verweilen kannst, und kehre zur Ausgangsstellung zurück. Ruhe Dich aus. Wiederhole zwei- bis dreimal.

Zwischen den meisten dieser Übungen sollte man sich auf dem Rükken liegend entspannen. Halte die Augen geschlossen und nimm den natürlichen Atemrhythmus und das Fließen der Ströme im Körper wahr.

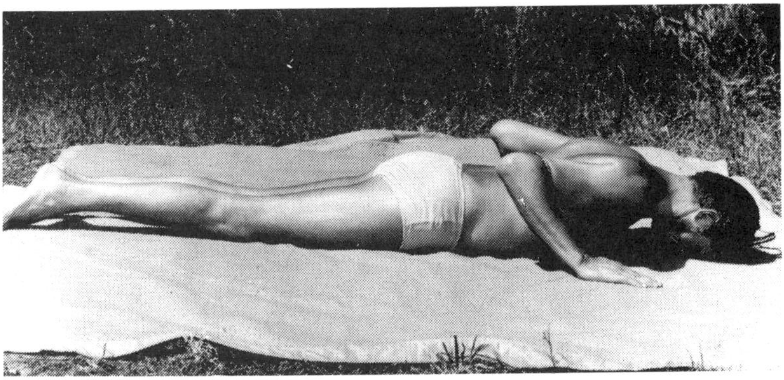

Kobrastellung

Diese Stellung verbessert die Beweglichkeit der Muskeln und kräftigt jene Körperteile, die bei der Übung betätigt werden. Beginne wie hier abgebildet. Schiebe Dich langsam nach oben, bis die Stellung erreicht ist. Halte an. Kehre in die Ausgangsstellung zurück. Wiederhole zwei- bis dreimal. Merke, daß wir diese Übungen in einer bestimmten Reihenfolge ausführen. Wenn die Wirbelsäule bei der einen Übung gebeugt wird, bringen wir sie mit einer entgegengesetzten Übung zum Strecken.

Halbe Rückendrehung

Die Drehung stärkt die beteiligten Körperpartien und macht die Wirbelsäule biegsam. Sie bewirkt auch eine innere Massage. Übe die Stellung wie abgebildet. Bleibe darin, solange sie Dir angenehm ist. Ruhe. Übe nach der anderen Seite. Ruhe.

Kopfstand

Diese Stellung ist nicht jedem zu empfehlen. Sie sollte nicht ausgeführt werden bei Problemen mit der Halswirbelsäule, Übergewicht oder zu hohem Blutdruck. Wer gesund ist, möge diese Übung versuchen. Der Kopfstand entspannt Muskeln und Venen in den unteren Gliedmaßen und gibt den Gehirnzentren einen vermehrten Blutzufluß. Anfangs sollte man den Kopfstand behutsam einige Augenblicke lang üben und dann langsam die Zeit so verlängern, wie man dazu imstande ist. Die Abbildungen zeigen die Ausführung. Anfänger sollten zunächst an einer Wand üben. Das gibt die Sicherheit, nicht auf den Boden zu fallen, wenn das Gleichgewicht verloren geht. Übe nicht in der Nähe von Möbeln oder Fenstern. Bleibe einige Augenblicke in der Stellung und komme immer langsam herunter, um der Blutzirkulation Gelegenheit zu geben, ins Gleichgewicht zu kommen.

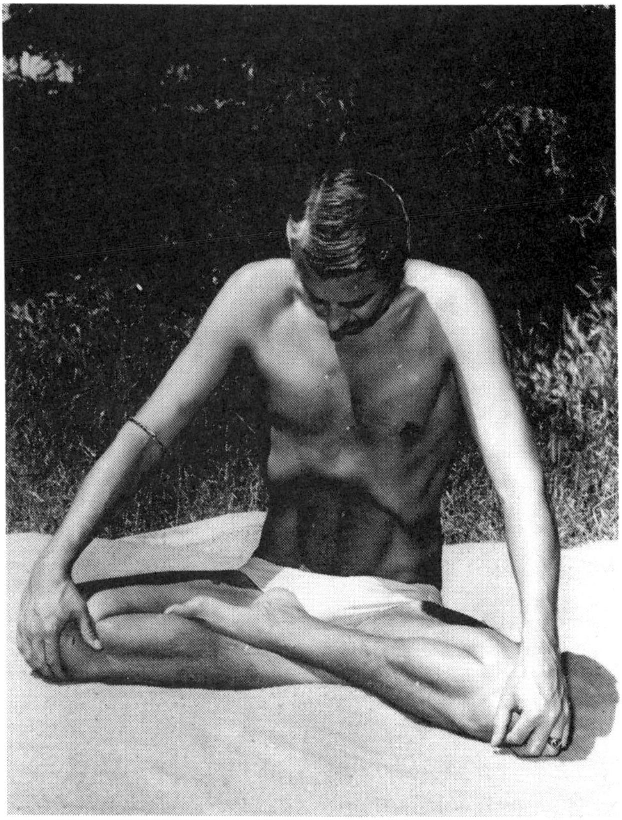

Magen heben

Diese Übung bewirkt eine innere Massage und erweckt Lebensströme im Sonnengeflecht. Nimm die Anfangsposition ein. Stütze Deine Hände leicht und *ohne* Druck auf die Oberschenkel. Atme vollständig aus und halte inne. Ziehe den Brustkorb hoch (als ob Du einatmen würdest, atme aber nicht ein) und schaffe damit die Wirkung eines Vakuums. Kehre dann zur normalen Atmung zurück und wiederhole diese Übung. Mit einiger Übung wirst Du imstande sein, mehrere solcher einziehenden Bewegungen (bis zu zehn oder zwanzig) während einer Atempause zu machen.

Isolierung der Magenmuskeln

Die Bauchmuskeln sind durch die Magen-hebe-Übung entspannt. Die Aufwärtsbewegung wird nicht durch Muskelkraft, sondern durch einen inneren Saugeffekt bewirkt. Führe die Magen-hebe-Übung aus und halte ein. Drücke dann die Oberschenkel mit den Händen herunter. Die Muskeln werden gespannt. Siehe Abbildung. Durch Üben kann man den Druck von einem Oberschenkel auf den anderen verlegen und die Muskeln getrennt anspannen, indem man ihnen einen „rollenden Effekt" verleiht. Eine weitere Wirkung ist die Isolierung der kleinen Seitenmuskeln. Diese Isolierung hat neben der Körperwahrnehmung und der gedanklichen Kontrolle über die Muskeln keine große Bedeutung Dieser letztere Effekt wird mehr mit mentalem Willen und dem *Erfühlen* erreicht, als mit dem Druck der Hände auf die Oberschenkel.

Bleibe nach dem Üben der Yogastellungen solange liegen, bis Atem- und Herztätigkeit zu ihrem normalen Rhythmus zurückkehren. Danach können Pranayama (Atemübungen) folgen.

Es gibt einige Dutzend Yogastellungen, die geübt werden können. Die hier besprochenen können von fast jedem Übenden ausgeführt werden und dienen dem allgemeinen Wohlbefinden. Sie können in einem gut gelüfteten Raum zuhause ausgeführt werden. Wir können mit einem leichten Gewand bekleidet üben oder auch unbekleidet. Einige Menschen führen ihre Übungen beim Sonnenbaden aus, um die heilsame Wirkung von Sonne und frischer Luft zu nutzen.

Wenn man nur einige Minuten Zeit zum Üben der Asanas hat, sind der Schulterstand und die Kobrastellung mit ihrer verjüngenden und belebenden Wirkung ideal. Denke daran, Dich nicht anzustrengen oder zu verspannen. Bleibe entspannt und meditativ. Fühle die fließenden Ströme in Dir und um Dich herum. Fühle Dich in Übereinstimmung mit der Kraft, die das Universum lenkt. Wisse in Deinem Innern:

„Ich bin ein Leben-schenkender Geist, und die Kraft, die das Universum lenkt, durchströmt, erhält, unterstützt und erweckt mich.“

Meditation und die positive Resonanz

Tatsächlich meditieren heute regelmäßig Millionen Menschen. Wie abzusehen ist, werden in Kürze weitere Millionen zu meditieren beginnen. Es muß etwas daran sein (und es ist), denn niemand übt weiter, es sei denn, er erreicht eine positive und nützliche Resonanz.

Nicht alle meditieren zum gleichen Zweck. Einige von uns meditieren mit beinahe sofortigem Gewinn: Innere Ruhe, völlige Entspannung, wachsende Energie und Befreiung von Streß-Symptomen. Kürzlich erschienen medizinische Berichte über sorgfältig getestete Meditierende, die nachweisen, daß die meditative Erfahrung sehr verschieden ist von der des Schlafens, gewöhnlicher Wachheit oder Hypnose. Einige Meditierende berichten über eine Verbesserung ihres Gedächtnisses, über wachsendes Interesse am Leben und über eine Verminderung körperlicher und emotioneller Symptome in bezug auf zu hohen Blutdruck.

Nun, was ist überhaupt Meditation? *Meditation ist das beabsichtigte Lenken unserer Aufmerksamkeit zu dem klaren Aspekt des eigenen inneren Wesens.* Das ist Meditation. Meditation ist kein Ringen, den Bewußtseinszustand zu verändern, kein Versuch, „high' zu werden oder Probleme zu lösen, kein Ausweichen vor der Wirklichkeit. Meditation ist das beabsichtigte Lenken unserer Aufmerksamkeit zu dem klaren Erkennen unseres inneren Wesens, um bewußt in der Erfahrung des Seins zu ruhen.

Für einige ist es überraschend, daß sie bewußt und wach sein können, ohne den Versuch zu denken und ohne Bezug zu irgendeinem äußeren Gegenstand. Ich versichere, es ist möglich, und die Erfahrung ist erfrischend natürlich. Man braucht diesen Vorgang nicht zu analysieren, man braucht ihn nur für eine gewisse Zeit auszuprobieren. Das ist alles, was wir zu tun haben. Testen wir die Meditation und kommen wir zu *eigenen* Erfahrungen.

Wie man meditiert

Wenn wir mit unseren Übungen erfolgreich sein wollen, müssen wir acht einfache Schritte beachten:

1. Harmonische Beziehung zu den Menschen, mit denen wir leben, und zu unserer Umgebung;

2. Beachtung persönlicher Bedürfnisse und notwendiger Disziplin;

3. Korrekte Meditationshaltung;

4. Regulierung der Lebenskraft im Organismus;

5. Im Zentrum ruhen;

6. Konzentration;

7. Gegenwärtige Meditation;

8. Höchste Wahrnehmung.

Wir werden die beiden ersten Schritte am Ende dieser Erklärung behandeln. Zuerst wollen wir das wesentliche einer korrekten Meditations-Praxis beachten:

Meditationshaltung und -umgebung

Haben wir einmal beschlossen, unser Befinden durch möglichen Gewinn aus der Meditations-Praxis zu verbessern, müssen wir vier Erfordernisse beachten: Wir müssen sicherstellen, daß wir einen *ruhigen Platz* haben, um dem inneren Vorgang volle Aufmerksamkeit geben zu können. Wir haben eine *entspannte mentale Einstellung* einzunehmen, und wir müssen in einer *bequemen aufrechten Haltung* sitzen. Schließlich brauchen wir *etwas*, um unsere Aufmerksamkeit zu sammeln. Diese vier Voraussetzungen sind wesentlich für den Erfolg.

Eine ruhige Umgebung während der Meditation bewahrt uns vor ungewollten Sinneseindrücken, welche die Konzentration stören. Eine entspannte Einstellung hilft uns, Anspannung und Unruhe zu vermeiden. Eine bequeme aufrechte Haltung auf einem Stuhl oder auf dem Boden (welche bevorzugt wird) sichert eine wachsame Einstellung und eine tiefere innere Erfahrung. Das *etwas*, worauf wir die Aufmerksamkeit richten, verhindert, daß diese wandert, und befähigt uns, während der gesamten Übung auf einen Punkt konzentriert zu bleiben.

Regulierung der Lebenskraft

Normalerweise fließt die Lebenskraft vom Gehirn nach unten, um Körper und Gemüt zu nähren und zu erhalten. Es ist natürlich, daß wir unsere Aufmerksamkeit durch die Sinne nach außen fließen lassen und so mit unserer Umwelt in Kontakt gehen. So sind wir fähig, voll zu wirken und uns mit dieser Umwelt zu verbinden. Während der Meditation kehren wir absichtlich das Fließen der Aufmerksamkeit um, so daß wir die inneren Aspekte unseres Wesens betrachten können und nicht durch weltliche Belange überladen sind.

Nachdem wir uns niedergesetzt und eine bequeme aufrechte Haltung eingenommen haben, entspannen wir uns ohne Anstrengung. Meditation ist natürlich und leicht zu üben. Wir atmen zwei- oder dreimal in vernünftiger Weise tief ein, um weitere Entspannung zu ermöglichen. Dann beobachten wir für ein paar Minuten den natürlichen Rhythmus unseres Körpers während des Ein- und Ausatmens. Wir regulieren nicht den Atemzyklus, wir entspannen uns lediglich und beobachten ihn.

Nun lenken wir Aufmerksamkeit und Gefühle in einen bestimmten Ort unseres Körpers, zum Bereich des Herzens (nicht ins Herz selbst), oder zu dem Bereich zwischen den Augenbrauen. Wir *sind* und *fühlen* in diesem Bereich. Wir versuchen nicht, *dorthin zu gehen.*

Beim Einatmen *beobachten wir, wie der Atem fließt*, und beim Ausatmen *hören wir innerlich* auf den Laut des Wortes *eins*, oder wir hören innerlich den Laut irgendeines anderen Wortes ohne intellektuelle Bedeutung wie *drei, sieben* oder *neun.* Das ist alles, was wir tun, wir richten die volle Aufmerksamkeit auf diesen Vorgang.

Sollten Gedanken und Gefühle weiter vorherrschen, schenken wir ihnen keine Bedeutung. Anfangs werden wir sie wahrnehmen. Wir versuchen jedoch nicht, sie zu unterdrücken oder zu steuern.

Wir fahren fort mit dem inneren Laut, beobachten die innere Resonanz auf die Entspannung, vergrößern die innere Ruhe und werden wacher. Das ist der grundsätzliche Vorgang.

Wir wissen, daß wir uns nicht in einen hypnotischen Zustand versetzen, noch bemühen wir uns um Ergebnisse. Wir verweilen lediglich in der Stille, verfolgen wachsam den inneren Vorgang und sammeln die Aufmerksamkeit auf einen Punkt (inneren Laut). Wir üben jedesmal mit dem gleichen Laut, um eine stetige und mühelose Erfahrung sicherzustellen.

Im Zentrum ruhen

Wenn wir zu meditieren beginnen, machen wir bald die Erfahrung, daß es leicht ist, in unserem *Inneren zu ruhen.* Wir sind ausgeglichen, entspannt und ruhig. Obwohl unser Organismus arbeitet und unsere Gedankengänge zu beobachten sind, scheinen wir als Zeuge und Betrachter im Zentrum von all dem Geschehen zu ruhen. Es ist ein nützlicher Ausgangspunkt, durch den wir lernen, daß es möglich ist, inmitten innerer und äußerer Aktivität zu ruhen.

Im Zentrum zu ruhen (verinnerlicht zu sein), ist eine erste und wichtige Phase der meditativen Erfahrung. Wenn wir nicht *verinnerlicht* und *ausgeglichen* sind, neigen wir zum gewaltsamen Bemühen, daß etwas geschieht, *irgendetwas*, um einen Bewußtseinswandel zu erreichen. Wir wollen aber nichts forcieren. Wir wollen ausgeglichen, ruhig und betrachtend bleiben. Der natürliche Widerhall erfolgt automatisch.

Wenn wir *verinnerlicht* sind, können wir die natürliche Neigung, dabei dem Drang der Sinne und den gedanklichen Wunschvorstellungen nachzugeben, nicht aufhalten, weder durch angestrengte Übungen, noch durch die Kraft des Willens. Sie kommt als eine Art spontaner Resonanz. Dadurch erfahren wir, daß wir nicht äußerer Identifikation oder irgendwelcher Sinneseindrücke bedürfen, um unsere Überzeugung zu stärken, *daß wir in Ordnung sind.* Wir können ohne äußere Hilfe und Unterstützung selbsterfüllt und friedvoll sein, wenn wir lernen, *verinnerlicht* zu sein.

Vollkommene Konzentration

Wir sind vollkommen konzentriert, wenn unsere Aufmerksamkeit *zu einem Punkt fließt* und *sich dort* ohne Ablenkung *sammelt.* Meditation ist kein Denkprozeß. Meditation ist Erleben der Konzentration. Zeit für schöpferisches Denken sowie für Problemlösungen oder für Zielsetzung haben wir nach der Meditation. Worüber denken wir nach, wenn wir meditieren? Über nichts! Gedankengänge mögen bestehen, aber wir beschäftigen uns nicht mit den Gedanken. Wir richten einfach unsere volle Aufmerksamkeit auf den inneren geistigen Laut und lassen alles andere dem höchsten Bewußtsein weichen.

Reine Meditation

Reine Meditation ist vollkommene Konzentration auf den Sammelpunkt der Meditation. Wir bleiben bewußt und wach. Wenn wir uns der Neigung hingeben, einzuschlafen oder vor uns hinzuträumen, also unbewußt zu werden, sind wir vom Weg abgekommen. Wenn wir vom Sammelpunkt unserer Meditation abirren, sollten wir unsere Aufmerksamkeit nochmals freundlich zu dem einen Punkt zurückholen, ohne uns schuldig zu fühlen oder emotionell zu reagieren. Mit Übung und Aufmerksamkeit werden wir bald Experten dieses Vorgangs. Übung und Aufmerksamkeit bringen uns bald zu positiven Ergebnissen. Hindernisse auf dem Weg zum Erfolg sind: Einschlafen, bei Erinnerungen oder vergangenen Erfahrungen verweilen, über die Zukunft nachdenken oder Selbstanalyse betreiben. Es mag noch mehr Hindernisse geben, wie auch immer, wir müssen die Aufmerksamkeit auf den einen Sammelpunkt zurückholen und im Zentrum ruhend wach bleiben.

Höchste Wahrnehmung

Wenn wir diesem Vorgang folgen, erreichen wir schließlich die *höchste Wahrnehmung.* Diese Erfahrung wird entsprechend der Lehrtradition unterschiedlich bezeichnet. Einige nennen diese Wahrnehmung die *transzendentale* Erfahrung, weil man so hellwach ist, daß man nichts äußeres mehr wahrnimmt. Andere sprechen von der Erfahrung des *Seins-Zustandes.* An diesen Punkt gelangen wir, indem wir dem Laut (geistigen Ton) bis zum Ursprung folgen, welcher der klare, formlose und gedankenfreie Aspekt unseres eigenen Bewußtseins ist.

Wir sehen, Gedanken und Gefühle treten aus dem Zentrum unseres Bewußtseins hervor – und wir kehren in dieses Zentrum während der Meditation bewußt zurück. Beim Erreichen der *höchsten Wahrnehmung*, ruhen wir einfach in ihr während der Dauer unserer Meditation.

Wie wir uns aus der Meditation lösen

Nach einer angemessenen Zeit, dies wird sich ganz natürlich ergeben, bringen wir die Aufmerksamkeit von der *höchsen Wahrnehmung* zurück in den mentalen Bereich, in das Nervensystem, in den physischen Körper und in die unmittelbare Umgebung.

Haben wir einmal das innerste Zentrum berührt und wenden uns dann dem äußeren Leben wieder zu, bringen wir Frieden, geistige Klarheit und ein gesteigertes Feingefühl (Sensibilität) mit. Wir sind ruhig und wach. Wir sehen die Welt aus einer besseren Perspektive, und unsere Selbstbetrachtung ist positiver. Ist es dann ein Wunder, daß wir in jeder Beziehung glücklicher, gesünder und schöpferischer tätig sind? Nach der Meditation widmen wir unseren Tätigkeiten und Vorhaben volle Aufmerksamkeit.

Anstatt des mentalen Lautes (Ton), der im Text erwähnt wurde, können wir ein Wort ohne intellektuelle Bedeutung als Konzentrationspunkt wählen. Ein Wort oder Laut ohne intellektuelle Bedeutung neutralisiert die Neigung zu denken oder zu spekulieren, und hält unser Bewußtsein klar und die Konzentration auf einen Punkt gerichtet. Wer in ein Mantra eingeweiht wurde, sollte natürlich diesen besonderen Laut anwenden.

Beachtung der Grundlagen

Am Anfang erwähnte ich die Wichtigkeit *harmonischer Beziehungen zu Mitmenschen und Umgebung* sowie die *Beachtung persönlicher Bedürfnisse und notwendiger Disziplin.*

Meditationsübungen sind gelegentliche Übungen (ich empfehle zweimal täglich mindestens zwanzig Minuten zu jeder passenden Zeit, außer nach dem Essen); aber unser Leben bewußt zu leben, ist eine ständige Notwendigkeit.

Indem wir das Leben als organisches Ganzes ansehen, lernen wir, mit anderen Menschen ausgeglichen zu leben und mit der Natur in Harmonie zu bleiben. Dies sichert uns den Erfolg im Leben und beseitigt tatsächlich mögliche Ursachen von Uneinigkeit und innerem Streß.

Die anderen Richtlinien sind folgende:

1. *Selbst-Disziplin* – Wir müssen als Einheit denken, fühlen und handeln, um Ziele auf wirksamste Weise zu erreichen. Dies setzt voraus, daß wir lernen müssen, Ziele zu setzen, schöpferisch zu wirken und intelligenten Gebrauch von unserer verfügbaren Zeit und Energie zu machen.

2. *Regelmäßiges Studium* – Um informiert zu sein, sollten wir uns an Experten wenden, in welchem Bereich wir uns auch immer auszeichnen wollen. Wir können „Erfolgsideen" aufnehmen und durch unsere eigene schöpferische Intelligenz noch verbessern.

3. Tägliche Meditation – Nachdem wir nun wissen, wie wir zu meditieren haben, tun wir es einfach.

4. *Vertrauen ins Leben* – Es gibt eine höhere Intelligenz, die das Universum lenkt, und wir können lernen, mit ihr zu kooperieren. Diese Intelligenz weiß, was sie tut, und wir können gemeinsam mit ihren Plänen und Absichten in Harmonie wirken.

„Ich bin ein Leben-schenkender Geist, ausgestattet mit den Eigenschaften des Seins, der Intelligenz und der schöpferischen Energie. Ich meditiere leicht, natürlich und richtig."

Wie ein Leben-schenkender Geist mentale Bilder und Emotionen meistert

Wir meistern mentale Bilder und Emotionen aus dem Verständnis eines Leben-schenkenden Geistes, der wir *sind* und nicht erst werden wollen. Wir können zu dem *erwachen*, was wir sind, aber wir können nicht werden, was wir schon sind.

Solange wir daran denken, uns zu verbessern oder mehr und mehr ein Leben-schenkender Geist zu werden, denken wir an die Entwicklung unseres Bewußtseins oder vielleicht daran, menschliches Bewußtsein in das Seelenbewußtsein umzuwandeln. Menschliches Bewußtsein entwickelt sich nicht zum Seelenbewußtsein. Wir erwachen vom menschlichen Bewußtsein zum Gewahrsein unseres wahren Wesens, zum Gewahrsein der Seele. Einer der größten Irrtümer von Suchenden auf dem Pfad ist der Versuch, menschliches Bewußtsein zu verbessern ohne Erwachen zur natürlichen Ordnung der Dinge. Das Seelenwesen ändert sich nie und kann nicht programmiert oder in irgendeiner Art umgewandelt werden. Es ist immer rein und hell und besitzt göttliche Kraft. Lediglich der mentale Bereich und die Hüllen (Träger oder Körper) der Seele sind bedingt.

Wir sagen: „Ich kann meine Gedanken nicht beherrschen," oder: „Ich möchte nicht so empfinden." Damit bringen wir deutlich zum Ausdruck, daß sich das wahre Ich mit dem Denken und Fühlen identifiziert. Wenn das Gemüt durcheinander ist, ist der Mensch mental krank oder zumindest gestört. Wenn Emotionen dominieren, sind wir bis zu einem gewissen Grad gefühlsmäßig geschwächt. Nur wenige Menschen auf dieser Welt sind im Denken und Fühlen (Gemüt) und im Körper vollkommen gesund. Viele sind einigermaßen in Ordnung und halten diesen Zustand für normal oder für das Beste, was man erwarten kann. Fragen wir einen Mitmenschen, wie es ihm geht, wird die Antwort sein: „Oh, ich komme ganz gut zurecht!" Niemand, der bestrebt ist, in Übereinstimmung mit der Kraft zu leben, die das Universum lenkt, wird damit zufrieden sein, „ganz gut zurecht zu kommen". Wir können das Beste aus dem machen, was wir physisch auszuführen haben. Wir können über ein gut funktionierendes Gemüt verfügen; wir können uns immer wohlfühlen; wir können lernen, in Übereinstimmung mit den Naturgesetzen und den Gesetzmäßigkeiten des Gemüts und Bewußtseins ein reiches, erfülltes Leben zu führen.

Erinnere Dich: Als eine Seele sind wir genau das, was Gott ist; Gott ist die kosmische Seele, und wir wirken in Harmonie mit dem Willen Gottes. So wie Gott ein Gemüt hat, so haben wir ein Gemüt. Unser Gemüt ist eine *Individualisation* des göttlichen Gemüts. Unser Gemüt und Körper sind genauso wie die eine Substanz dieser Welt, aus dem gleichen Stoff geschaffen, aus dem der äußere Leib Gottes besteht. Unser Gemüt und Körper reagieren auf unsere Absichten, auf unsere Einstellungen und gemäß der von uns getroffenen Entscheidungen. Deshalb muß man sich *entscheiden*, gesund, praktisch und erfolgreich zu sein, um Gesundheit, gute Funktion und Wohlergehen zu erfahren. Wir machen oft den Fehler anzunehmen, wir müßten auf die Umwelt, unsere Gefühle und unsere Gedankenmodelle reagieren. Stattdessen sollten wir uns als Leben-schenkender Geist daran erinnern, daß unsere Gedanken, Gefühle und unsere Welt tatsächlich von unserem eigenen Bewußtseinszustand ausgehen. Wenn wir annehmen, Effekt zu sein, dann stoßen uns Dinge zu, wenn uns aber klar ist, daß wir Ursache sind, *dann sind wir Anstoß für die Dinge.*

In unserem natürlichen Zustand, ohne Identifikation mit Gemüt und Körper, sind wir klares Gewahrsein. Klares Gwahrsein hat keine Eigenschaften und kann nicht beobachtet, analysiert oder gemessen werden. Wir haben jedoch die Fähigkeit, zu beobachten und zu beschließen, uns bewußt im Lebensprozeß zu engagieren und Materie durch Gebrauch der Gemütsfähigkeiten zu manipulieren. Mit *Manipulieren* meine ich die Fähigkeit, den Stoff dieser Welt handhaben zu können und weisen Gebrauch davon zu machen. Wer sich *ein Ziel* setzt, eine *Entscheidung trifft* und bereitwillig handelt, kann *augenblicklich* geheilt werden. Dies wird manchmal als Wunder bezeichnet, weil ein sehr feinstoffliches Gesetz wirksam wird. Wenn wir dazu fähig sind, werden wir es einfach tun. Können wir es nicht, müssen wir eben das tun, was auf unserer gegenwärtigen Bewußtseinsebene möglich ist. Wenn unser *Ziel klar ist* und wir *entschlossen* und *gewillt* sind, Gesundheit, Harmonie, Erfüllung und rechtes Tun zu *akzeptieren*, muß sich das äußere Bild verändern, wenn auch nicht augenblicklich.

Einige Menschen machen den Fehler, die Einstellung „Alles oder Nichts" anzunehmen, das heißt: Sofortige Heilung oder gar keine Heilung. Gewöhnlich liegt eine solche Einstellung im Ego begründet und in dem Wunsch, etwas zu beweisen. Wenn wir am höchsten Ideal festhalten und wünschen, zum reinen Erkennen zu erwachen, besteht kein Grund, sich dabei nicht wohlzufühlen und auf einer angenehmen und zufriedenstellenden Ebene zu arbeiten. Manche verharren bei übertriebener Beschäftigung mit Ernährungsfragen, andere vertiefen sich übermäßig in mentale Wissenschaften. Wieder andere verlieren sich in Psychotherapie, Encountergruppen, Drogengenuß, Bio-Feedback, je nachdem, auf welcher Funktionsebene sie sich gerade befinden oder wo das allgemeine Interesse zur Zeit liegt. Einige hängen einer für sie nicht wirksamen Methode an, nur weil Freunde sie ausüben, oder weil sie darin viel Zeit oder Geld investiert haben. Wenn wir auf einen besseren oder größeren Erfolg versprechenden Weg stoßen, sollten wir fähig sein, die weniger wirksame Methode gelassen aufzugeben.

Unsere mental-emotionalen Eindrücke

Wir werden bestimmt durch *Eindrücke* oder *Aufzeichnungen*, die im mentalen Bereich gespeichert sind. Das Sanskritwort für diese Eindrücke ist *samskaras* und bedeutet „die im Gemüt eingeprägte Spur, verursacht durch Gedanken, Wünsche und Erinnerungen an Erfahrungen und Gefühle". Yoga und alle anderen zur Selbstverwirklichung führenden Methoden haben zwei Ziele: 1. den Menschen zu befähigen, die momentan aufkommenden mentalen Bestimmungen oder Gedanken zu kontrollieren, 2. den Menschen zu befähigen, sich von dem Einfluß der gespeicherten Eindrücke zu befreien. Diese gespeicherten Eindrücke werden manchmal karmische Modelle genannt. Da diese Eindrücke wie Musik auf einem magnetischen Tonband im Gemüt gespeichert sind, kann man auf sie einwirken, wenn man weiß, wie man mit ihnen umzugehen hat. Sie können neutralisiert, ausgelebt, „ausgebrannt“ oder losgelassen werden. Manchmal sind Eindrücke sogar im Protoplasma (lebende Substanz der Körperzelle und des Zellkerns) gespeichert und werden Engramme genannt: „Eine bleibende Spur im Organismus, durch eine psychische Erfahrung“. Hier bewirkt ein nicht-körperlicher (psychischer) Einfluß einen Eindruck oder eine gespeicherte Aufzeichnung in der Zellsubstanz des Körpers. Mit psychischem Einfluß meinen wir einen Einfluß durch Schock, Schmerz, Freude und irgendwelche anderen emotionalen Reaktionen auf das Leben und Erleben.

Jetzt können wir verstehen, wie mental-emotionale Erfahrungen den physischen Körper beeinflussen, und wie unterbewußte Modelle die Funktion und die Form des physischen Körpers verändern können. Mystiker haben schon lange erklärt, daß karmische Modelle (unterbewußte Bedingtheiten, Programmierungen) den Körper beeinflussen, der durch die Empfängnis entsteht. Als Auswirkung des „Gesetzes der Entsprechung“ beeinflußt die Umwandlung persönlichen Bewußtseins auch die Umgebung, in die man hineingeboren wird. Ebenso werden Zelleindrücke (Engramme) der Eltern über mehrere Generationen an ihre Kinder und Nachkommen weitergegeben. Ob wir es wollen oder nicht, wir tragen auf der Zellebene einiges mit uns herum, was wir von unseren Ahnen über unsere Eltern geerbt haben. Das ist ein weiterer Grund, warum die Qualität unseres Bewußtseins und die Reinheit von Gemüt und Körper so wichtig ist: Wir wirken mit unserem Bewußtseinszustand und unseren Bedingtheiten auch auf die noch ungeborenen Generationen.

Wir alle haben Wünsche, Gefühle, den Hang zu bestimmten Reaktionen sowie ererbte Neigungen. Solange wir auf der Ebene des menschlichen Bewußtseins wirken und nicht aus der Sicht eines Leben-schenkenden Geistes, werden wir immer wieder aufgrund der

Speicherungen des persönlichen Karma und der ererbten Neigungen handeln. Selbst nach einer Erleuchtungserfahrung werden wir auf allen Ebenen mit Verhaltensmustern zu ringen haben, bis der mentalemotionale Bereich und auch der physische Körper von allen Bedingtheiten geläutert sind. Wer glaubt, daß die Erleuchtung sofort alle Probleme löst, irrt sich. Erleuchtung oder Erkenntnis befähigen uns, unsere Herausforderungen von einer höheren Perspektive aus zu bestehen.

Um Dir selbst zu beweisen, daß mentale Eindrücke tiefe Wurzeln haben, mache folgenden Versuch: Rufe Dir eine schmerzliche (oder freudige) Erinnerung ins Gedächtnis und beobachte, von welcher Gefühlswelle diese Erinnerung begleitet ist. Beobachte auch das körperliche Gefühl, das dabei mit aufkommt. Man kann durch Rückerinnerung an schmerzvolle oder bedrückende Erlebnisse sogar körperlich erkranken. Es ist umgekehrt auch möglich, dauerhaft gesund zu werden, indem man die Erinnerungsbilder *neutralisiert* durch Loslassen („Veratmen") der Emotionen, die an die Erinnerungsbilder gebunden sind. Wenn man sich an einen Vorfall oder ein Ereignis nicht erinnern kann, ein Ereignis der Vergangenheit „nicht sehen mag", zeigt dies in der Regel, daß man in sich einen Schmerz gespeichert hat, mit dem man nicht konfrontiert werden will.

Manchmal sagen wir: „Ich möchte die Vergangenheit am liebsten vergessen." Die Vergangenheit *loszulassen* ist eine Sache – Erinnerungen und Emotionen zu unterdrücken, ist eine andere Sache und verursacht sicher Konflikte und Störungen. Unterdrückte Konflikte werden eines Tages auftauchen, damit man sie erforscht, versteht, verarbeitet oder freiläßt. Erinnerungen, die Schmerzen im Unterbewußtsein festhalten (fixieren), erzeugen Gefühle von Furcht, Schuld, Groll, Haß, Vorurteil sowie unterdrückte Emotionen und Frustrationen. Diese wiederum verursachen mentale, emotionale und physische Erkrankungen. Daher werden psychosomatische Erkrankungen auftauchen: das heißt, körperliche Krankheiten, die durch mentalemotionale Beeinträchtigungen verursacht worden sind. Viele Lehrer sind der Meinung, daß die meisten physischen Erkrankungen wie auch zwischenmenschliche Probleme und Unfälle mental-emotionale Ursachen haben.

Als Leben-schenkender Geist können wir die Geschehnisse des Lebens vom Blickpunkt freier Wesen aus sehen. So wie wir uns mit dem Gemüt und dem Körper identifizieren, werden wir in Bedingtheiten verstrickt. Oft behalten wir unsere Probleme, weil wir weiterhin negativ denken oder reagieren und uns weigern, die Naturgesetze zu befolgen. Wer auf dummem Verhalten besteht, kann nicht klug sein, auch wenn er behauptet, spirituell frei zu sein.

Was sollen wir nun tun? Wie beginnen wir den Läuterungsprozeß? Wir beginnen auf der Verständnisebene, auf der wir uns befinden und machen uns bewußt: „Ich bin ein Leben-schenkender Geist". Das ist der erste Schritt. Dann bleiben wir ehrlich mit uns selbst und handeln so gut wir können, Tag für Tag, Stunde um Stunde, von Augenblick zu Augenblick. Wir geben niemals auf, wir machen aber auch keinen Kampf daraus. Wir leben leicht, frei und mit der Einstellung, „mit den Strömen der Natur zu fließen". Wir beachten unsere täglichen Übungen. Das wird unseren Vorsatz bestärken und unterbewußte Neigungen neutralisieren, die uns zwingen, im alten Gleis zu bleiben oder uns ziellos treiben zu lassen.

Durch positives Denken, Fühlen und Handeln werden die negativen Konzepte im Denken, Fühlen und Handeln neutralisiert. Hinzu kommt, daß dieses Verhalten eine läuternde Wirkung sowohl auf den Körper als auch auf das Gemüt hat.

Wir können lernen, uns der auftauchenden Erinnerungsbilder bewußt zu werden, und sie zu verstehen. Auf diese Weise ziehen wir die Energie von ihnen ab, so daß wir schließlich unsere Erinnerungen ohne jede emotionale oder physische Reaktion vollständig zurückrufen können. Wenn wir die Aufzeichnungen unserer Erinnerungen *geklärt* haben, kann die „Vergangenheit" uns nicht mehr beeinflussen. Das Karma bindet uns nicht mehr, und wir sind frei zu inspiriertem Tun im Hier und Jetzt, anstatt durch das Gewicht vergangener Entscheidungen und Ursachen unter Zwang zu stehen.

Wenn wir unsere Erinnerungen genau betrachten und ohne jede emotionale Reaktion sagen können: „Das ist sehr interessant", dann haben wir das Unterbewußtsein geklärt. Wie steht es damit? Wie steht es mit Deinen Erinnerungen an Deine Eltern (Brüder oder Schwestern usw.) und daran, wie sie Dich behandelten? Wie stehst Du zu Deinen Lehrern? Wie steht es mit der Arbeitsstelle, aus der Du ohne guten Grund gefeuert wurdest? Wie steht es mit den Erinnerungen an eine Ehescheidung, an eine Zurückweisung durch einen geliebten Menschen? Wie ist Deine Einstellung zu sexuellen Belangen, zu religiösem Glauben oder zu Geldangelegenheiten? Wenn wir ein Ereignis aus der Vergangenheit zurückrufen und eine „tiefgreifende Reaktion" erleben, ist gewöhnlich ein latentes Problem damit verbunden. Möglicherweise nur eine geringfügige Herausforderung, vielleicht aber auch eine tiefsitzende Störung, die untersucht und verstanden werden muß. Mit *Verstehen* meine ich: Die Dinge zu begreifen, alles aus dem Zusammenhang heraus zu betrachten, ohne Selbstverurteilung, Schuldgefühle oder eine andere negative Reaktion. Eine zwanghafte Reaktion blockiert das geistige Gewahrsein; eine reife Reaktion ist natürlich und gesund.

Die Wahl liegt bei uns: Bewußt zu leben oder der Effekt von Umständen zu sein

Viele Menschen reagieren mechanisch, sie denken nicht klar und unterscheiden nicht richtig. Unter dem Zwang ihrer unterbewußten Bedingtheiten bewegen sie sich durch Zeit und Raum, wie ein Computer darauf programmiert, jedes Drama aufzuführen, das ihr unterbewußtes Manuskript ihnen vorschreibt. Sie mögen tun, was sie für richtig ansehen, und vermeiden, was sie als falsch betrachten, aber sie sind nicht natürlich. Ebenso wenig sind sie gut, denn Gutsein heißt, Gott ebenbildlich zu sein. Wenn die Kraft, die das Universum lenkt, ohne Störung durch uns fließen kann, stellt sich Gutsein automatisch ein. Der Versuch, gut zu sein, ist hilfreich – Gutsein durch uns strömen zu lassen ist besser. Im Strom der Gnade zu leben bedeutet: Spontan zu leben und nicht mehr in einem Bewußtseinszustand, in dem wir uns bemühen müssen, das Richtige zu tun. Durch die Gnade sind wir gesund an Körper und Gemüt und in allen zwischenmenschlichen Beziehungen.

Es braucht Übung, auf der Ebene des Seins, auf der Ebene des Lebenschenkenden Geistes zu leben, aber es ist möglich. Mit der Zeit werden Körper und Gemüt sich darauf einstimmen. Ernährung, Übung, Meditation und jedes sinnvolle Tun werden helfen, die Energie von den unterbewußten Eindrücken und den Körperengrammen (Zelleindrücken) freizusetzen. Die Befreiung wird den Einfluß der Eindrücke abschwächen und uns eine zusätzlich Quelle erschließen, die Energie zum Leben liefert. Bestimmte Körperübungen wie Hatha-Yoga und Tai-Chi, die auf tieferen Ebenen wirken, sind von besonderem Wert. Ein Wechsel der Arbeitsroutine kann hilfreich sein. Chiropraktische Behandlungen rufen innere Veränderungen hervor. Frühes Aufstehen durchbricht nicht nur die Gewohnheit der Trägheit, sondern bringt uns auch mit den Energien des frühen Morgens in Harmonie. Die Sonnenbestrahlung ist am frühen Morgen besonders wirksam. Den Körper mit einer gelegentlichen Reinigungsdiät oder einem kurzen Fasten zu *schocken*, kann ebenfalls hilfreich sein. Alles, was auf eine bessere Lebensführung hinwirkt, ist gut; alles was uns davon abhält, unser Leben gedankenlos und mechanisch zu leben, ist hilfreich.

Manchmal zu widerstehen, wenn wir etwas zu tun *wünschen*, ist heilsam; zu tun, was wir tun sollten aber nicht tun wollen, wird unsere Willenskraft stärken. Konzepte zu konfrontieren heißt, sie im Organismus zu „verbrennen". Laßt uns lernen, immer bewußt, wachsam und ehrlich mit uns selbst zu sein. Wir erlauben uns keine schwachen Entschuldigungen und Ausreden und kümmern uns nicht um andere: Wir richten und verdammen nicht und versuchen nicht, andere gegen ihren Willen zu ändern. Wir arbeiten an uns selbst. Laßt uns lernen, die Technik schöpferischer Imagination anzuwenden und uns so zu sehen, wie wir sein können, dann können wir uns in den gewünschten Bewußtseinszustand versetzen. Die äußeren Lebensumstände werden das widerspiegeln, womit wir uns in unserem Bewußtsein befassen.

Wir erinnern uns, daß unsere Umgebung uns widerspiegelt, wenn wir frei und in unserer Mitte sind. Sind wir nicht in unserer Mitte, reagieren wir auf unsere Umgebung. Was ist zu tun, wenn wir verstimmt oder einfach verwirrt sind, ohne Kommunikation mit unserer Umgebung? Hier eine einfache Empfehlung: Laß alles liegen und gehe spazieren. Während Du gehst, laß Dein Gemüt frei, betrachte die vorbeiziehenden Szenen, und bringe Dich mit ihnen in Harmonie. Ob Du in der Stadt wohnst, in einem Vorort oder auf dem Lande, gehe einfach spazieren und bringe Dich mit Deiner Umgebung in Kommunikation. Erfahrungsgemäß kommen die Dinge dadurch wieder in das richtige Verhältnis zueinander, und das Leben beginnt sich *hier* und *jetzt* wieder zu ordnen. Versuche es einmal!

Wir verhalten uns oft gewohnheitsmäßig, weil wir nie eine andere Verhaltensweise kennengelernt haben. Wir sagen: „In unserer Familie hat man es immer so gemacht“ oder „So hat man es mir als Kind beigebracht“ oder „Jeder macht es so“. Beim Heranwachsen nehmen wir häufig die Ansichten und Verhaltensweisen der Eltern, Lehrer oder anderer Autoritäten an. Das geschieht oft unbewußt, wir übernehmen die Einstellungen und Verhaltensweisen durch Gedankenverbindungen (Assoziationen). Manchmal wurden wir dazu „erzogen“, uns in bestimmter Weise zu benehmen, etwas zu glauben und in bestimmter Weise zu reagieren. Gute Gewohnheiten sind hilfreich; destruktive oder schlechte Gewohnheiten halten uns in Fesseln. Unser Leben nach einem guten Vorbild zu gestalten, kann bis zu einem gewissen Grad gut sein; eine Kopie oder das genaue Abbild einer Person zu werden, bedeutet Einschränkung.

Im menschlichen Bewußtsein mag jemand vielleicht beschließen, eine Brille zu tragen, weil ein anderer, den er bewundert, eine Brille trägt; vielleicht möchte er „die Welt nicht sehen“. Einige, die im menschlichen Bewußtsein verhaftet sind, beginnen Krankheitssymptome zu entwickeln, „weil sie in ihrer Familie so üblich sind". Es gibt auch andere Ursachen für häufige geringfügige Gesundheitsstörungen, für die Unfähigkeit, Verabredungen einzuhalten, an einer Arbeitsstelle zu bleiben oder eine wertvolle Beziehung aufrechtzuerhalten. Solche Ursachen können sein: Angst vor Erfolg, der Wunsch zu versagen oder das Bestreben, von anderen umsorgt zu werden, oder das Bedürfnis, „anders" oder „etwas Besonderes zu sein".

Wenn wir eine negative Meinung von uns haben und nicht daran glauben, daß es richtig ist, erfolgreich zu sein, werden wir unterbewußt unser Versagen bewirken. Wir werden Fehler machen oder annehmen, daß uns immer etwas in die Quere kommt. Viele Menschen meinen, wenn sie nicht verantwortlich seien, würden andere ihre Verantwortung übernehmen. Auch das ist eine Überlebensmöglichkeit in dieser Welt. Wir müssen in unserem Verständnis zu der Überzeugung gelangen, daß es ganz natürlich ist, gesund, glücklich, tüchtig und wohlauf zu sein.

Sind wir wirklich verantwortlich?

Wenn wir immer wieder die gegenwärtigen Verhältnisse oder Situationen beschuldigen oder irgendjemanden (oder irgendetwas) in der Vergangenheit wegen unserer verdrehten Einstellung oder Untüchtigkeit anklagen, so sind das ganz einfach Vorwände. Gewiß hat die Vergangenheit in uns Spuren hinterlassen. Wir können jedoch unerwünschte Konzepte löschen und unsere Einstellung von diesem Moment an ändern. Und das ist die entscheidende Frage: Nehmen wir die Verantwortung auf uns, oder wollen wir uns weiterhin beklagen, andere beschuldigen und uns hinter Vorwänden verstecken?

Wir können da, wo wir gerade sind, beginnen, klug zu planen. Wenn wir lernen, in unserem Tun erfolgreich zu sein, stellen wir fest, daß es mehr Freude macht, zu gewinnen als zu verlieren, gesund als krank zu sein, gute Beziehungen mit anderen zu haben als sich einsam und ausgeschlossen zu fühlen. Wenn wir schwach sind, können wir stark werden. Wenn wir scheinbar ungeschickt sind, können wir lernen, schöpferisch und tüchtig zu sein. Ein Leben-schenkender Geist, geschaffen nach dem Bilde und Wesen Gottes, sollte keine niedergeschlagene Haltung beibehalten.

Wenn wir unsere Grundhaltung und unsere emotionalen Reaktionen beobachten, werden wir manchmal überrascht feststellen, daß wir unsere Rolle als Erwachsener (der sich beherrscht) mit der des Kindes (das sich nicht unter Kontrolle hat) vertauscht haben. Wenn wir jammern, uns aufregen oder uns unterlegen fühlen, leben wir in der Rolle des Kindes. Analysieren wir, planen wir klug und fühlen uns in Harmonie mit der Natur, leben wir in der Rolle des Erwachsenen. Ein unreifer Mensch sagt: „Das Leben hat keinen Sinn“, ein reifer Mensch sagt: „Das Leben hat Sinn und Zweck, und ich will lernen, als ein Leben-schenkender Geist zu leben, und mit dem göttlichen Willen zu kooperieren, so wie mich die innere Führung lenkt.“

Wir alle neigen dazu, „Höhen“ und „Tiefen“ zu erleben, weil wir in einer organischen Welt leben, die Zyklen und Rhythmen unterworfen ist. Vom Moment der physischen Geburt an sind drei Hauptzyklen wirksam: der mentale, der emotionale und der physische Zyklus. Wir sind auch von planetarischen Strahlungen und vom Wetter beeinflußt. Wir können lernen, ohne Zyklen und Rhythmen zu leben, indem wir stets in unserer Mitte und in innerem Frieden sind. Je stabiler wir sind, desto weniger werden wir durch Energien beeinflußt, die den Raum durchströmen und sich mit unserem Energiefeld vermischen. Ein bewußter Mensch wandelt die Planeteneinflüsse einfach in größere Energie für seine Vorhaben um. Wenn es diesen Austausch von Kräften zwischen uns und unserer Umgebung nicht gäbe, könnten wir am Lebensprozeß nicht teilhaben. Wir würden uns außerhalb befinden, ohne zu handeln und ohne Erfahrungen zu machen.

Der Wert einer positiven Umgebung

Wenn wir aus unserer Mitte heraus bewußt leben, spiegelt unsere Unmgebung ganz natürlich Harmonie, Frieden und rechtes Tun wider. Bis man soweit ist, ist es klug, sich zu entschließen, seine Umgebung zu ordnen und Freunde, Mitarbeiter und Umweltbedingungen nach Möglichkeit auszuwählen. Wir müssen erkennen, daß alles, was wir über die Sinne in uns aufnehmen, zu unserem Bewußtseinszustand beiträgt. Wenn wir in Gesprächen mit negativen Menschen Zeit vergeuden, tendieren wir zur negativen Einstellung. Verbringen wir unsere Zeit mit positiven Menschen, tendieren wir zur positiven Einstellung. Wenn wir uns gestatten, in einer Umgebung zu verweilen, in der uns Versuchungen verlocken, obwohl wir wissen, daß wir schwach sind, begeben wir uns in Gefahr. Das sagt uns schon der gesunde Menschenverstand.

Manchmal verharren wir in einer negativen Umgebung, weil wir das Gefühl haben, es sei „nicht richtig" sie zu wechseln, besonders, wenn andere davon betroffen sind. Vielleicht ist die Umgebung nur einschränkend und nicht negativ, entspricht aber nicht unseren Vorstellungen. Vielleicht ist sie für diejenigen richtig, die darin leben, weil sie andere Ziele haben. Wir werden in jedem Fall selbst zu entscheiden haben.

Es ist sehr hilfreich, mit gesunden und erfolgreichen Menschen Kontakt zu pflegen, inspirierende Literatur zu lesen, zu meditieren und mit Gott in Übereinstimmung zu sein. Wir empfehlen nicht, in dem Geschehen etwas gewaltsam zu „veranlassen" oder aus der menschlichen Gesellschaft „auszusteigen". Wir empfehlen, verantwortlich zu sein und reife Entscheidungen zu treffen. Dann können wir ohne Furcht leben.

Klärung des emotionalen Bereichs (Gemüt)

Wir haben festgestellt, daß viele körperliche Leiden mental-emotionale Ursachen haben. Gefühle von Schuld, Verdruß und Haß führen zu körperlichen Krankheiten. Durch bewußte oder unterbewußte Schuldgefühle wegen etwas, was wir tun (was wir bereits getan haben oder hätten tun sollen), ziehen wir Selbstbestrafung auf uns, die sich in Krankheit äußert. Vielen wurde in der Kindheit gesagt: „Wenn Du etwas Unrechtes tust, mußt Du dafür bestraft werden". So bestrafen wir uns selbst und erleichtern so den Druck des „Gewissens". So können wir Krebs, Geschwülste oder funktionelle Organstörungen hervorrufen, uns in destruktives Verhalten hineinmanöverieren oder Unfälle und Probleme heraufbeschwören. Vielleicht versäumen wir auch, unseren persönlichen Bedürfnissen Rechnung zu tragen, und vernachlässigen unsere Gesundheit. Hier kann Selbstvergebung richtig sein. Du bist ein Leben-schenkender Geist, und wenn Du Fehler gemacht hast, dann deshalb, weil Du nicht in Deiner Mitte und nicht bewußt gewesen bist. Deshalb beschließe, von jetzt an in Übereinstimmung mit der Natur zu leben, und befreie Dich von Schuldgefühlen. Dazu hast Du jedes Recht. Sri Yukteswar pflegte zu sagen: „Menschliches Verhalten ist immer unzuverlässig, bis der Mensch im Göttlichen verankert ist. Deshalb befreie Dich von der Vergangenheit und beschließe, Dich in Zukunft richtig zu verhalten".

Wenn Dich eine Woge von Schuld, Verdruß, Furcht oder ähnlichem befällt, wende folgende Technik an: Akzeptiere das aufkommende Gefühl und atme mehrere Male lange und tief ein und aus. – Einige Minuten lang, bis Du entspannt, erfrischt und geklärt bist. Zwei Dinge geschehen: 1. Bewußtes Atmen bewirkt, daß wir vollständig im *Hier* und im *Jetzt* gegenwärtig sind. 2. Die Freude am Atmen, einer Lebensfunktion des Körpers, leitet Energie von den mentalen Eindrücken ab, die diese Gefühle begleiten. Dies ist eine einfache Methode, mentale Eindrücke zu neutralisieren, wenn sie an die Oberfläche gelangen.

Der Körper reagiert auf Vorstellungsbilder und Gefühle

Als unser Körper im Mutterschoß gebildet wurde, geschah dies nach dem Muster der genetischen Vorlage, die Samen und Ei beider Elternteile lieferten. Die karmischen Modelle, die wir mitgebracht haben, beeinflussen die Bildung des sich entwickelnden Fötus. Die mentale Einstellung der Mutter sowie die Umweltbedingungen wirken ebenfalls auf den Fötus während seiner Entwicklung ein. Alle diese Eindrücke werden dem mentalen Bereich und dem physischen Körper des neugeborenen Kindes aufgeprägt. Außerdem gibt es noch astrologische Einflüsse, weil auch die Qualität planetarischer Energie zur Zeit der Geburt auf das Energiefeld des kindlichen Körpers einwirkt.

Wir wissen, daß *der Wille, zu leben und gesund zu sein*, mächtig zu Gesundheit und Wohlbefinden beitragen. Menschen, die eine Verletzung erlitten oder sich einer Operation unterziehen mußten, gesundeten schnell, wenn der unterbewußte Lebenswille vorhanden war. Einstellung und Gefühl beeinflussen den physischen Körper. Wenn wir positiv und heiter bleiben, sind wir so gut wie gesund. Es ist eine bekannte Tatsache, daß ein Mensch sich krank aber auch ebenso gesund denken kann. Er kann sogar den physischen Tod herbeiwünschen. Durch kontrollierte Visualisation (Imagination) können wir im Denken und Fühlen ideale feinstoffliche Modelle schaffen und beibehalten, die sich als richtiges Tun und Gesundheit zum Ausdruck bringen. Wiederum haben wir die Wahl: Nicht alles ist durch karmische Bedingtheiten, planetarische Einflüsse oder Umweltbedingungen vorbestimmt. Lies sorgfältig das Kapitel: *Wie Du Dir selbst und anderen helfen kannst*. Es enthält Einzelheiten über die Anwendung schöpferischer Imagination zur Freisetzung von heilenden Energieströmen nach der Meditation.

Erinnere Dich: Die Kraft, die das Universum lenkt, will einen gesunden Körper, und wenn sie ermutigt und zugelassen wird, sorgt diese Kraft für vollkommene physische Gesundheit. Gott verursacht weder Krankheit noch Leid. Mitunter gelangt ein Mensch durch sein selbstauferlegtes Leiden zu tieferem Verständnis der Natur des Gemüts und Bewußtseins, so daß ihm diese Erfahrung Gewinn bringt; doch das Leiden ist selbstauferlegt und nicht von Gott gewollt.

Wenn ein gegenwärtiges Problem durch unterbewußte Eindrücke (karmische Modelle) oder Körperengramme verursacht ist, brauchen wir nicht anzunehmen, daß es sich über lange Zeit hinweg auswirken muß. Wir können jetzt damit beginnen, diese Modelle zu neutralisieren, indem wir uns bewußt sind: „Ich bin ein Leben-schenkender Geist, und mein Erbe sind Freiheit und Gesundheit." Diese Haltung bewußt einzunehmen, beschleunigt den Läuterungsprozeß, und läßt uns machtvolle Kräfte zuströmen, die alle Dinge in befriedigender Weise verändern können. In einer heiligen Schrift werden wir ermahnt: „Seid verwandelt durch die Erneuerung eures Gemüts". Wenn ein Mensch wach, bewußt und im Gemüt geklärt ist, besteht keine Möglichkeit für Krankheit oder Begrenzung irgendwelcher Art.

Wir können auch durch Befolgung der Disziplinen und durch regelmäßige und richtige Meditation unsere spirituelle Entfaltung beschleunigen. Es ist richtig, daß einige Menschen starke Eindrücke aus vorherigen Leben mitbringen, die sie zwingen, den spirituellen Pfad zu beschreiten. Andere haben mit schwierigeren Dingen zu ringen. Wie dem auch sei: Wer fest entschlossen ist und sich bemüht, bewußt und in Harmonie mit den Naturgesetzen zu wirken, wird sehr bald Frieden und spirituelle Erweckung erlangen. Diese Lehre ist die Grundlage aller heiligen Schriften dieser Welt.

Wenn wir sagen: „Ich habe ein schlechtes Karma", so bejahen wir einen Irrtum. Die Wahrheit ist: „Ich" habe überhaupt kein Karma. Karma (Eindrücke, die im mentalen Bereich von einer Erfahrung hinterlassen werden) hat nur mit der mentalen Ebene und nichts mit der Seele zu tun; das „Ich", das „wahre Wesen", ist immer und ewig frei. Es identifiziert sich lediglich mit den Trägern oder den Körpern. Das Hauptproblem ist Selbstvergessenheit aufgrund falscher Identifikation.

Die Macht des gesprochenen Wortes

Unsere Worte, ob ausgesprochen oder nur gedacht, wirken als Bejahungen und lenken die Energien, die durch die unterbewußten Gemütsebenen fließen. Wenn wir Dinge sagen oder denken, wie: „Ich bin arm, ich bin krank, ich tauge nichts, ich werde nichts zustandebringen", geben wir Anweisungen an die unterbewußten Gemütsebenen, diese Umstände oder Bedingungen zu verwirklichen. Wir können uns buchstäblich in Freiheit oder in Begrenzung hineinreden durch die Worte, die wir sprechen, und durch die Absichten, die dahinterstehen. Wenn wir positiv bejahen, neutralisieren wir die negativen Modelle im Gemüt und ändern unseren Lebensstil und unser Schicksal.

Sei darauf bedacht, nur in positiver und sinnvoller Weise zu sprechen. Sprich nur das aus, was Du in Deinem Leben verwirklichen möchtest, und diese Überzeugung wird sich äußerlich materialisieren, so sicher, wie die Nacht dem Tag folgt. Das ist das Gesetz des Gemüts und des Bewußtseins. Laßt uns in dieser Weise sprechen:

„Ich bin ein Leben-schenkender Geist, geschaffen nach dem Bilde und Wesen Gottes. Ich denke klar und treffe immer richtige Entscheidungen. Ich bin in meiner Mitte, ausgeglichen und offen für den Strom der Gnade."

Richtige Ernährung

Richtige Ernährung besteht darin, Nahrung zu sich zu nehmen, die dem Körper genügend aufbauende Stoffe zuführt, und dabei die geringstmögliche Schlackenansammlung im Körper erzeugt. Mit der Nahrung führen wir uns Vitamine, Mineralien, Enzyme, Proteine und Kohlehydrate zu. Durch die Vermittlung des pflanzlichen Chlorophyll nehmen wir von der Sonne umgewandelte Lebenskraft in Form von Sonnenstrahlung auf.

Dr. Geo. W. Crile schrieb darüber anläßlich einer Ärzteversammlung im Jahre 1933: „Diese überaus wichtige Strahlung, die elektrische Ströme für die Stromkreise des Körpers, das Nervensystem, freisetzt, ist in der Nahrung dank der Sonnenbestrahlung enthalten. Atome sind wie kleine Sonnensysteme. Sie sind mit Sonnenstrahlung beladene Träger, so wie viele kleine gespannte Federn. Unzählige dieser ‚Atomladungen' an Energie werden als Nahrung aufgenommen. Vom menschlichen Körper resorbiert, werden sie im Protoplasma des Körpers entbunden. Ihre Ausstrahlung liefert neue chemische Energie, neue elektrische Ströme. Dein Körper besteht aus solchen Atomen: Sie bilden Deine Muskeln, Dein Gehirn, Deine Sinnesorgane, wie Augen und Ohren".

Vor vielen Jahren schrieb William L. Laurence in einem Artikel in der New York-Times: „Chlorophyll ist die einzige in der Natur bekannte Substanz, der die Fähigkeit innewohnt, als ‚Sonnenlicht-Sammler' zu wirken, und die aufgefangene Sonnenernergie in der Pflanze zu speichern. Ohne dieses Phänomen wäre kein Leben möglich. Von der Sonne erhalten wir die Energie, die wir zum Leben brauchen, gespeichert in der pflanzlichen Nahrung oder im Fleisch des pflanzenfressenden Tieres. Auch die aus Kohle oder Oel bezogene Energie ist Sonnenenergie, die vor Millionen von Jahren durch das Chlorophyll in Pflanzen aufgefangen wurde. Wir leben von der Sonne durch die Vermittlung des Chlorophylls".

Es gibt Menschen, die Nahrung völlig entbehren und dennoch ihren Körper erhalten können, indem sie Lebenskraft direkt durch die Luft und das Sonnenlicht aufnehmen. Diese Methode ist allerdings vom Durchschnittsmenschen unseres Zeitalters nicht zu verwirklichen. Man muß auf jener Höhe des Verstehens sein, auf der man ein klares Bewußtsein davon hat, was Lebenskraft ist, und wie sie vom Körper aufgenommen und wieder abgegeben wird. Denke daran: als Lebenschenkender Geist verfügen wir über unbeschränkte Kraft. Diese Kraft kann genützt werden, wenn sie frei zirkuliert, und wenn wir wissen, wie wir sie wirken lassen können.

Für die meisten Menschen dieses Planeten ist physische Nahrung das geeignete Mittel, das körperliche Bedürfnis nach Energiezufuhr zu befriedigen. Deshalb scheint es sinnvoll, das Thema Nahrung und Ernährung von diesem Gesichtspunkt aus zu betrachten, zugleich aber einen weiteren Schritt in der menschlichen Entwicklung in bezug auf die Verwertung der Nahrungsenergie in Betracht zu ziehen. Der Ernährung „verhaftet“ zu sein, ist die Widerspiegelung eines materialistischen Bewußtseinszustandes. Es entspricht dem Verständnis des Massenbewußtseins, Energie lediglich über die körperliche Ernährung zu erhalten. Die wenigen spirituell Erwachten, die imstande sind, einen Schritt weiter zu gehen, werden von der Möglichkeit einer Annäherung an den reinen Kontakt mit der wahren Quelle Gebrauch machen, von groben Nahrungsquellen unabhängiger zu werden und sich auf feinere Stoffe umzustellen. Methoden, die Lebenskraft über den Atem und die Konzentration aufzunehmen, besprechen wir in einem späteren Kapitel. Jetzt betrachten wir die mehr vordergründigen Zusammenhänge der Nahrung, die wir zu uns nehmen.

Vitame: Organische Katalysatoren

Ein Katalysator ist eine Substanz, die eine Veränderung oder chemische Reaktion bewirkt, ohne sich selbst zu verändern. Vitame verbrauchen sich und müssen ersetzt werden. Etliche passieren den Organismus schnell, andere, wie die B-Vitamine, können im Darmtrakt durch Bakterien gebildet werden. Die meisten Vitame müssen über die Nahrung aufgenmommen werden. Hier eine Zusammenstellung einiger Vitamine und ihrer Aufgaben im menschlichen Körper:

Vitamin A – Ein fettlösliches Vitamin, wichtig für das Wachstum und die Entwicklung des Kindes. Es trägt zu gutem Sehen und gesunder Haut bei. Vitamin A kommt vor in Leber, Gemüsen, Butter und Rahm.

Vitamin B – Thiamin (B1), Riboflavin (B2) und Cyanocobalamin (B12) sind wichtig für die Blutbildung, die Schleimhäute, die Muskel- und Nervenfunktion und für die Verarbeitung des Proteins. Vitamine der B-Gruppe finden wir in Hefe, Innereien, Sojabohnen, Erbsen, Eiern, Pilzen, Vollgetreide, Melonen, Grüngemüse, Weizenkeimen und Bohnen.

Vitamin C (Ascorbin-Säure) – Wichtig für das Bindegewebe, das das elastische Gewebe der Haut und die Innenwände der Blutgefäße bildet. Es kommt vor in Zitrusfrüchten, Melonen, Beeren, Tomaten und rohen Gemüsen wie: Pepperoni, Broccoli, Blumenkohl, Wirsingkohl, Endivien und Rübenkraut.

Vitamin D – Wie die Vitamine A und E ein fettlösliches Vitamin, spielt eine wichtige Rolle bei der Regulierung des Kalk- und Phosphor-Stoffwechsels. Wichtig für die Hormonbildung der Nebenschilddrüse. Vitamin D kommt in Lebertran und Eigelb vor und wird im Körper durch Sonneneinstrahlung gebildet.

Vitamin E – Wirkt im intermediären Stoffwechsel als Antioxydans und hat Einfluß auf den Sauerstoffverbrauch des Gewebes. Es wird angenommen, daß es bei Erneuerung und Regeneration der Zellen eine Rolle spielt. Enthalten in Weizenkeimen, Grüngemüsen, pflanzlichen Ölen, Hülsenfrüchten, Getreideprodukten, Eigelb und Nüssen.

Dies ist bei weitem keine vollständige Aufstellung der Vitamine, und wir werden dazu später noch verschiedene Meinungen und Ansichten kennenlernen. Zusätzliche Vitamingaben werden hauptsächlich bei erhöhtem Streß, während einer Diätkur, bei der Einnahme von Antibiotika und bei ungenügendem Vorhandensein in der gewöhnlichen Nahrung benötigt. Wir kennen Therapien besonders starker Vitamindosierungen, doch können wir deren Anwendung nur unter ärztlicher Leitung empfehlen. Gerät ein Neuling auf dem Gebiet der Vitamine und Mineralien an ein Programm massiver Dosierungen, so kann er durch Gleichgewichtsstörungen des Organismus physische und psychische Probleme hervorrufen. Wir gehen umsichtiger vor, wenn wir uns darauf einstellen, daß ein gereinigter und richtig ernährter Körper gesund ist und harmonisch funktioniert.

Während sich einige Menschen beinahe jede Nahrung leisten können und anscheinend keinen Schaden nehmen, finden viele, daß richtige Ernährung größeres Wohlbefinden, inneren Frieden und ein Gefühl der Freiheit vermittelt. In der *Bhagavad-Gita* wird Arjuna durch Sri Krishna belehrt, wie die Nahrung von bestimmten Personen ausgewählt wird: „Jene, die auf dem Weg nach oben sind, bevorzugen lebensaufbauende Nahrung, die zu Vitalität, Kraft, Gesundheit, Freude und Heiterkeit beiträgt. Ruhelose Menschen spüren den Drang, bittere, saure, übermäßig gewürzte Nahrung zu sich zu nehmen, die ihren Körper belastet. Wenig Entwickelte essen geschmacklose, abgestandene und unreine Nahrung."

Wir sollten lebendige, vitale Nahrung in richtiger Zusammensetzung essen, leblose oder chemisch präparierte Nahrung dagegen meiden. Auf Weißmehl-Produkte, Zucker und Aufputschmittel sollten wir völlig verzichten. Konservierte Nahrung ist zwar nicht wertlos, die Lebenskraft ist jedoch nicht in dem Maße vorhanden wie in frischer Nahrung. Am besten ist frische Nahrung aus dem Garten. Sie sollte so abgestimmt und zusammengestellt sein, daß sie leicht verdaulich ist. Hier einige Grundregeln für die Zusammenstellung der Nahrung: Eiweiß- oder stärkehaltige Gerichte ergänzen sich gut mit Gemüse. Schlecht verträglich sind Eiweiß mit sauren Früchten oder grüne

Gemüse mit Früchten. Äußerst schlecht sind Kombinationen von Eiweiß mit Stärke und Früchten mit Stärke. Früchte ißt man am besten allein. Ein gesunder Mensch kann essen, was er will, wenn er dabei mäßig bleibt. Je mehr jemand seine Aufmerksamkeit auf mentale und spirituelle Werte richtet, desto weniger Nahrung braucht er, und bei ihrer Auswahl läßt er sich von seiner inneren Führung leiten.

Soll man Vegetarier sein?

Es gibt erleuchtete Menschen, die Fleisch in ihre Ernährung einschließen. Die meisten geistigen Lehrer empfehlen jedoch eine fleischlose Kost. Jeder Leser wird selbst die für ihn passende Ernährung herausfinden müssen, daher werden wir hier diese Fragen erörtern, um die notwendigen Informationen für eine Entscheidung zu erhalten. Es stimmt, daß der westliche Mensch das Fleisch seit vielen Generationen in seine Nahrung einbezogen hat, und viele Menschen unserer Kultur haben sich daran gewöhnt. Tradition und Gewohnheit sind jedoch keine hilfreichen Ratgeber, wenn wir längere Zeiträume überblicken. Viele ernähren sich fleischlos aufgrund ihrer philosophischen Überzeugung, daß es unmenschlich sei, ein Tier zum Zweck der Ernährung seines Lebens zu berauben. Der Mensch benötigt Fleisch nicht als Nahrungsquelle, da er sich bei Beachtung der richtigen Zusammenstellung aus dem Pflanzenreich hinreichend mit gleichwertigem Eiweiß versorgen kann. Wer sich mit Fleisch ernährt, sollte dies auf zwei- bis dreimal pro Woche beschränken. Fleisch ist für den menschlichen Körper nicht leicht zu verwerten, so daß ein Zuviel oder die falsche Art zu einer übermäßigen Ansammlung von Harnsäure im Körper führen. Der Bau des menschlichen Gebisses, die Länge des Darmtraktes (verglichen mit der Mund-After-Distanz bei fleischfressenden Tieren) sowie die natürliche Reaktion des Menschen auf den Anblick von rohem Fleisch (verglichen mit seiner natürlichen Reaktion auf den Anblick von Pflanzen) zeigt, daß wir für eine fleischlose Ernährung bestimmt sind.

Die moderne Forschung hat herausgefunden, daß das Verbot von „unreinem" Fleisch im Alten Testament eine plausible Grundlage hat: Schweinefleisch, Schellfisch, Muscheln, Austern und alle Fische ohne Schuppen werden so schnell verdaut, daß ein Übermaß von Harnsäure im Organismus zurückbleibt. Bei zu schneller Resorption ist der Körper nämlich nicht in der Lage, das angebotene Eiweiß voll zu verwerten.

Konsequente Vegetarier meiden auch Milch, Butter und Eier. Den Versuch, allmählich zu einer reinen Früchte-Ernährung zu gelangen, muß man als extremen Schritt bezeichnen. Im allgemeinen reinigen Früchte und Fruchtsäfte den Körper und schwemmen Schlacken aus dem Körper. Gemüse sind Baustoffe für den Körper. Naturbelassenes Getreide ist, im richtigen Maße genossen, eine wertvolle Nahrung. Ebenso Nüsse und andere Samen, wie Kürbis- und Sonnenblumenkerne, maßvoll gegessen.

Einige Vegetarier nehmen zuviel Eiweiß zu sich und vergiften damit den Organismus. Wenn der Körper rein und ausgeglichen ist, braucht er sehr wenig Eiweiß. Bei denjenigen, die meinen, immer viel Eiweiß zu sich nehmen zu müssen, ist der Körper weder entgiftet noch im Gleichgewicht. Übermäßiger Eiweißgenuß wirkt sich wegen der Übersäuerung des Blutes zerstörerisch auf die Zellen aus. Das zum Sauren verschobene Körpermilieu stört das Stickstoff-Gleichgewicht. Ein zu großes Verlangen nach Eiweiß weist auf übermäßig viel Schleim im Organismus hin. Zuviel Schleimbelag (ebenso gehärtete Fette und abgelagerte Salze) im Darmtrakt und in den Innenräumen des Körpers behindern die Weiterbeförderung der Aminosäuren des Eiweißes zu den Zellen.

Beim Fasten zum Zweck der Körperreinigung können anfangs Ermüdungserscheinungen auftreten, weil die Harnsäure aus dem Organismus ausgeschieden wird. Mancher führt diese Müdigkeit irrtümlich auf den Nahrungsmangel zurück und beginnt wieder zu essen. Mit der Nahrungsaufnahme hört die Müdigkeit zwar vorübergehend auf, weil der Reinigungsprozeß aufgehalten wird. Wenn man die Reinigung zu Ende führt, bringt das enorme Energien und Vitalität. Die Müdigkeit, die manchmal bei völliger Umstellung von Fleischnahrung auf fleischlose Kost aufkommt, ist nicht auf Eiweißmangel, sondern auf die reinigende Wirkung der Pflanzenkost zurückzuführen.

Ein einfacher Weg, den Körper zu reinigen

Es gibt eine Reihe empfehlenswerter Übungen für die innere Reinigung. Das wichtigste ist, dem Körper zu ermöglichen, Schlacken auszuscheiden. Hier einige Vorschläge:

Reinigung des Darmtraktes – Infolge unrichtiger Ernährung und Mangel an Bewegung leiden viele Menschen, die sich wohlfühlen und eine regelmäßige Verdauung haben, dennoch an einem ungesunden Verdauungstrakt. Oft ist er mit Schleim belegt und hat Taschen, in denen sich Verdauungsrückstände ablagern, die als Schadstoffe in den Körper übergehen. Der Darmtrakt sollte sauber und in gesunder Verfassung gehalten werden. Anfangs kann man Klistier verwenden, um den Darm auszuwaschen. Man behält das lauwarme Wasser, wenn möglich, etwa fünf bis zehn Minuten im Körper. Am besten legt man sich auf den Rücken, die Beine höher als den Körper, vielleicht gegen eine Wand gestützt, während das Wasser einläuft. Dann lege man sich einige Minuten lang flach auf die linke und anschließend auf die rechte Seite, bis das Bedürfnis zur Entleerung aufkommt. Damit Wasser und Abfallstoffe völlig ausgeschieden werden, ist es richtig, sich gut zu entspannen. Wer diese Prozedur zum erstenmal anwendet, wird überrascht sein über den Austritt von Gasen, Geruch, dunklem, hartem Kot und unverdauter Nahrung.

Wasserfasten – Falls nicht wegen eines gestörten Blutzuckerspiegels oder aus anderen Gründen das Wasserfasten verboten ist, kann es seelisch wie körperlich heilsam sein. Einmal pro Woche, oder jeden Monat an drei Tagen hintereinander (oder beides), trinke man nur *destilliertes* Wasser. Einige setzen gerne pro Liter Wasser einen Deciliter frischen Zitronensaft zu. Man beginne das Fasten abends mit einem

Klistier. Morgens trinke man ein halbes Glas von diesem Wasser und dann während des Tages jede Stunde jeweils ein halbes Glas. Das destillierte Wasser schwemmt Harnsäure und angesammelte Mineralsalze aus dem Körper. Man fühlt sich kräftiger, mit mehr Energie ausgestattet und reiner als vor dem Fasten.

Säftefasten – Wem das Wasserfasten zu extrem erscheint (was es aber nicht ist), der verwende Säfte. Beginne ebenfalls mit einem Klistier am Abend zuvor. Nach Belieben trinke am Morgen frischen Apfelsaft oder einen anderen frischen Fruchtsaft, jedoch keinen Saft von Zitrusfrüchten. Am Nachmittag kann man frischen Karottensaft trinken, vielleicht mit einem Zusatz von Petersilie und Selleriesaft. Am Abend ist Kräutertee zu empfehlen.

Wenn bei diesem Fasten nach zwei oder drei Tagen die Verdauung nicht regelmäßig funktioniert, wiederhole man das Klistier, um den Darm anzuregen, seine Abfälle abzugeben. Während eines solchen Reinigungsprozesses finden es die meisten am angenehmsten, allein zu sein, zu lesen, zu meditieren, ein Sonnenbad zu nehmen, leichte Turn- und Atemübungen zu machen oder allgemein zu entspannen. Fasten kann neben der körperlichen Reinigung eine Zeit der mentalen und emotionalen Läuterung sein.

Reinigung durch reine Nahrung – Beginne wieder am Abend zuvor mit einem Klistier. Nimm zum Frühstück frischen Fruchtsaft oder gedünstetes Obst. Mittags iß grünen Salat aus verschiedenen Gemüsen. Zum Abendessen verzehre nochmals reichlich grünen Salat und eine Portion gekochten ungeschälten Reis. Am späteren Abend ist ein Kräutertee das geeignete Getränk. Ohne den Körper zu überfordern, liefert diese Art der Ernährung ausreichend Eiweiß, Kohlehydrate, Vitamine und Mineralien wie benötigt und beschleunigt die Ausscheidung von Schadstoffen. Nach drei Wochen dieser Diät folgen drei Tage Säfte- oder Wasserfasten zur endgültigen Reinigung.

Falls der Körper vergiftet ist, wirst Du Symptome wie Kopfschmerzen, Schwindel, Übelkeit, Sehschwäche, Benommenheit, Schwitzen, starken Darmgeruch, Zungenbelag und vernunftwidriges Denken wahrnehmen. Ist der Körper von Schlacken und Schadstoffen befreit, verschwinden diese Anzeichen. Du wirst mehr Energie haben, klarer denken, weniger Schlaf benötigen und aufnahmebereiter für gesunde Ernährung sein. Wenn der Körper gereinigt ist, besteht eine natürliche Abneigung gegen gekochtes Fleisch, Fisch und chemisch behandelte leblose Nahrung. Diese Reaktion ist ein Indikator für unsere wahren Nahrungsbedürfnisse, wenn der Körper von Giften befreit ist.

Nach einer gründlichen Reinigung können wir normal und mäßig essen und wiederholen einmal pro Woche oder an drei Tagen im Monat das beschriebene Fasten.

Denke daran, daß wir beim Essen Sonnenenergie durch die Atome aufnehmen, die die Nahrung bilden. Dazu ist es nicht erforderlich, große Mengen zu essen. Tatsächlich dient ein hoher Prozentsatz der Nahrungsenergie dem Körper zur Verdauung und zum Abtransport der aus dem Verdauungsvorgang entstehenden Abfallprodukte. Wenig Nahrung, gut gekaut und in richtiger Zusammensetzung, ist der ideale Weg zu richtiger Ernährung. In einem späteren Kapitel werden wir einen feinstofflicheren Weg behandeln, der mit diesen Anregungen kombiniert werden kann.

Wer intensiv meditiert, braucht eine ausgewogene Ernährung, genügend Kraft für gedankliche Konzentration und für die Umwandlung von grober in feinere Energie. Manche, die lange Zeit fasten und deren Ernährung nicht ausgeglichen ist, neigen während der Meditation zu Halluzinationen oder zu Konzentrationsschwäche. Auch neigen sie zu Gewichtsverlust, Reizbarkeit und Unfähigkeit, mentale und emotionale Vorgänge zu bewältigen. Vor allem ist Patienten in psychotherapeutischer Behandlung eine ausgewogene Ernährung zu empfehlen.

Es liegt natürlich in der Verantwortung der Eltern, ihre Kinder zu richtiger Ernährung anzuhalten. Das Kind, das einmal die richtige

Vollwertnahrung aus natürlichen Lebensmitteln kennengelernt hat, wird eine Abneigung gegen die heute angebotene leblose Nahrung haben. Richtig ernährte Kinder, die liebevolle Unterstützung und Ermutigung für die Verwirklichung ihrer Träume erhalten, sind weder mental noch gefühlsmäßig gestört und höchst selten krank.

Wer einen eigenen Garten bepflanzen kann, hat sicher seine Freude daran, mit Erde zu arbeiten und verschiedene Gemüse zu ziehen. Wer den Gartenbau richtig erlernen will, sollte beim Pflanzen *fachmännische Anleitungen* befolgen, um die Wirkung der natürlichen Kräfte auf die Lebensformen zu beobachten. Gartenbau kann eine persönliche oder familiäre Betätigung oder eine Gruppenaktivität sein. Das Arbeiten mit Erde ist gesund und von therapeutischem Wert. Außerdem ist es eine erfreuliche Möglichkeit, organische Nahrung auf den Tisch zu bringen und gleichzeitig die Ausgaben für die Ernährung zu vermindern.

Wir wollen daran denken: Durch die Nahrung versorgen wir unseren Körper mit Sonnenenergie, Mineralien und aufbauenden Stoffen, dem planetarischen Plan gemäß. Unsere Einstellung möge sein:

„Ich bin ein Leben-schenkender Geist. Ich nutze die verfügbaren Energiequellen weise gemäß den Bedürfnissen des Körpers. Ich vertraue auf die Quelle meines Wohlbefindens und befolge die Naturgesetze.“

In Harmonie mit den kosmischen Elementen leben

Eine Kraft durchströmt das Universum, und diese Kraft ändert ihre Schwingung, um vielfältige Funktionen auf verschiedenen Ausdrucksebenen zu bewirken. Einige Menschen machen den Fehler, alles zu essen, und sich dann mit der Bemerkung darüber hinwegzusetzen: „Was macht es, wenn ohnehin alles *eins* ist". Gewiß, wir sprechen zwar von der Einheit, aber dieses *Eine* erscheint als verschiedene Schwingungen, um sich zu manifestieren und zu funktionieren.

Die Urenergie des Universums ist Om (Amen). Die Energie, die der Gottheit entströmt. Bei der Verbindung dieser Energie mit dem Weltprozeß im Schöpfungsgeschehen, ändert sie ihre Frequenz und bewirkt dadurch verschiedene Funktionen. Zum Beispiel verwandelt sich diese ausströmende Energie während ihrer Manifestation in fünf verschiedene Frequenzen, die dann im offenbarten Weltall zum Ausdruck kommen. Verschiedene Frequenzen feinstofflicher Natur (feinstoffliche Elemente genannt) verbinden sich miteinander und bilden grobstoffliche Elemente.

Die Elemente sind: Äther (bildet feinstoffliche Formen der Materie), Luft, Feuer, Wasser und Erde (bilden grobstoffliche Formen der Materie). In alten indischen Schriften, bekannt als Ayurveda (Wissenschaft vom Leben), wird das Thema Gesundheit und Wohlbefinden aus feinstofflicher Sicht, auf der Grundlage einer Analyse der Einflüsse der Naturelemente auf den Organismus behandelt. Alles ist die Manifestation von Prana oder Lebenskraft. Wir haben schon besprochen, daß diese Lebenskraft als Gemüt erscheint und sich als Materie ausdehnt. Somit beschäftigen wir uns immer mit *einer* Substanz, selbst wenn sich deren Schwingung oder Funktionsweise ändert. Es ist unser Anliegen, die natürliche Wirksamkeit der feinstofflichen Elemente in unserem Organismus zu unterstützen, damit die grobstofflichen oder äußeren Auswirkungen sich in Gesundheit und Wohlbefinden offenbaren. Wir sind dabei auch auf der Ebene der Ionen (elektrisch geladene Atome oder Atomgruppen) wirksam. Einige

Bestandteile der Ionen bilden Verbindungen (Salze, Basen, Säuren), die durch elektrische Anziehung zusammengehalten werden. In einer der alten Schriften (Taittiriya Upanishad) lesen wir: „Die Elemente brauchen Nahrung (Arbeit), und dafür werden sie geboren (sie verbinden sich mit grobstofflicher Materie), leben und streben sie. Weiter haben sie lebendigen Atem, und dafür werden sie geboren, leben und streben sie. Drittens haben die Elemente ein Gemüt, und dafür werden sie geboren, leben und streben sie. Viertens haben die Elemente Bewußtsein, und dafür werden sie geboren, leben und streben sie. Fünftes haben Elemente ein Gefühl (Glückseligkeit), dafür werden sie geboren, leben und streben sie". Mit anderen Worten, die Elemente, die Strahlen *höchsten Bewußtseins* sind, besitzen Eigenschaften des *Bewußtseins.* Aus diesem Grunde finden sie den Weg zu den Körperteilen, die Wiederherstellung und Ausgleich brauchen, und verrichten dort ihre Arbeit. Ionen haben die Fähigkeit (Einfluß oder Macht), zu erschaffen, zu erhalten und zu zerstören. Sie vermögen den Körper zu erneuern und ihn in gesunder Verfassung zu erhalten.

Es gibt Heiler, die ihre Patienten daraufhin untersuchen, ob die drei wesentlichen Elemente, Luft, Feuer und Wasser, im Ungleichgewicht sind. Mit dieser Methode, dem sogenannten „Weg der dreifachen Fehlerquelle", wird festgestellt, ob eines dieser drei Elemente unausgeglichen ist. Eine entsprechende Behandlung soll dann das natürliche Gleichgewicht wiederherstellen.

Das Element *Luft* steht bei diesem System in Verbindung mit der Nervenkraft und der Lebenskraft im Körper, das *Feuer*, mit dem Zirkulationssystem, das *Wasser* mit den Schleimhäuten. Sind diese drei Elemente ausgewogen, ist man gesund, weil alle Organe richtig funktionieren, die Nahrung gut verarbeiten, und die notwendigen chemischen Prozesse bewirken. Es ist nicht unsere Absicht, bestimmte Vorschriften für besondere Fälle zu machen, sondern auf Ausgewogenheit der Heilmaßnahmen, der Ernährung und der Einstellung dem Leben gegenüber hinzuweisen.

Der Einfluß des Luftelements

Luft ist überall in unserem Körper vorhanden. Sie ist ein feinstoffliches, alles durchdringendes Element. Luft bewegt die Elemente Feuer und Wasser und ist für deren Existenz und Funktion unentbehrlich. Luft als Prana (Lebenskraft) hat fünf Teilaspekte, die für fünf verschiedene Körperfunktionen zuständig sind:

1. Der Lebensaspekt (Prana) ist stark konzentriert in der Mundhöhle und in der Nähe des Herzens, über den ganzen Körper verbreitet. Er befähigt uns zu schlucken.

2. Der aufsteigende Aspekt (Udana) fließt stark im oberen Teil des Körpers und in der Kehle. Er ermöglicht das Sprechen und befördert Substanzen herauf und hinaus.

3. Der waagrechte Aspekt (Samana) ist stark konzentriert im Bauch und im Bereich der Därme. Er unterstützt die Verdauung und trennt die Schlacken von den benötigten Nährstoffen.

4. Der Aspekt der Ausbreitung (Vyana) zieht durch den gesamten Körper und bringt die Flüssigkeiten wie Blut und Schweiß in Umlauf.

5. Der absteigende Aspekt (Apana) ist stark konzentriert in den unteren Därmen und treibt Substanzen herab und heraus.

Wenn einer der Aspekte des Luftelements gestört ist, stellen sich körperliche Probleme ein, die verschwinden, wenn für Ausgleich gesorgt wird; so lautet die Theorie. Das Luftelement kann gestört werden durch: Falsche Ernährung, unrichtige Atmung, Sturm und Regen, übermäßige Anstrengung, übergroßen Kummer, Ängste, Erschütterungen des Organismus, den Rückstau von Urin, Blähungen, Stuhlgang, Erbrechen, Niesen oder Tränen.

Der Einfluß des Feuerelements

Feuer schützt den Körper vor Abkühlung und trägt zur Aufrechterhaltung des Wärmegleichgewichts bei. Es fördert die Sehfähigkeit, Verdauung und Ausstrahlung des Körpers. Auch hier gibt es fünf Teilaspekte.

1. Der Verdauungsaspekt verdaut die Nahrung, und zerlegt sie in Nährstoffe und Schlacken. Er ergänzt auch die anderen Teilaspekte.

2. Der Farbaspekt, der rot ist, beeinflußt am stärksten Leber und Milz.

3. Der Erfüllungsaspekt beeinflußt hauptsächlich die Umgebung des Herzens und das Herz selbst. Er vertreibt die Mächte der Finsternis (die Trägheit) aus dem Organismus und trägt zur Intelligenz und zur Erfüllung unserer Wünsche bei.

4. Der Sehaspekt beeinflußt stark die Sehkraft und die Augen.

5. Der Glanzaspekt hat Einfluß auf die Haut, die durch diese Eigenschaft strahlend und leuchtend wird.

Wenn die feinstofflichen Eigenschaften des Feuerelements gestört sind, können folgende Auswirkungen auftreten:

1. Gestörte Verbrennung führt zu Verdauungsschwäche, Übersäuerung, Sodbrennen.

2. Gestörter Farbaspekt schädigt Leber und Milz.

3. Gestörter Erfüllungsaspekt beeinträchtigt das Denken und führt zu Verwirrung und Untätigkeit.

4. Gestörter Sehaspekt führt zu Beeinträchtigungen der Sehkraft.

5. Gestörter Glanzaspekt verursacht ungesunde Haut.

Vom Feuerelement im Körper wird gesagt, daß es sich verschlimmernd auswirkt bei Zorn, Furcht, Kummer, körperliche Erschöpfung, Überlastung der Verdauung und sexueller Ausschweifung.

Der Einfluß des Wasserelements

Wasser hält Feuer unter Kontrolle, und sowohl Wasser als auch Feuer benötigen Luft. Wasser hält den Körper beweglich und geschmeidig. Es bildet neues Gewebe und stärkt und festigt den Organismus. Es befindet sich in der Brust, im Magen, im Kopf und in den Gelenken ebenso wie in den fettreichen Körperteilen. Die fünf Teilaspekte des Wasseraspekts im Organismus sind:

1. Der befeuchtende Aspekt ist stark wirksam im Magen und fördert die Verdauung.

2. Der unterstützende Aspekt sorgt für die Schmierung der Gelenke und fördert die Herztätigkeit.

3. Der Empfindungsaspekt befindet sich in der Kehle, im Zungenansatz und im Speichel. Er verleiht Geschmacksempfinden im Mund.

4. Der beruhigende Aspekt befindet sich im Kopf und bewirkt gute Funktion von Augen, Ohren und Nase.

5. Der Trägheitsaspekt bildet und verdickt den Schleim und schmiert die Gelenke.

Verstärktes Wasserelement soll Appetitlosigkeit, Frösteln, Schläfrigkeit, Schwere, weißen Zungenbelag, übergroßes Schlafbedürfnis und übermäßig süßen Mundgeschmack hervorrufen. Dagegen bewirkt ein Defizit des Wasserelements Trockenheit, Brennen, Durst und allgemeine Schwäche. Gestörtes Gleichgewicht des Wasserelements führt zu Kraftverlust, Verdauungsschwäche, übermäßiger Fettleibigkeit und zu hellem Urin und Stuhlgang.

Wenn eines der Elemente (Luft, Feuer, Wasser) im Übermaß vorhanden ist, sollte die Nahrung vorzugsweise aus den entgegengesetzten Elementen bestehen, um einen Ausgleich zu schaffen. Bei Mangel an einem der Elemente, sollte solche Nahrung gegessen werden, die dieses Element verstärkt. Allgemein ist zu sagen, daß eine ausgewogene Ernährung problemlos vertragen wird, es sei denn der Organismus steht unter mentalem oder emotionalem Streß oder unter körperlicher Schockeinwirkung. Auch kann der Körper einer Vireninfektion wirksam begegnen, wenn alle Elemente im Gleichgewicht sind, und Ruhe, Seelenfrieden und ein ausgeglichenes Gemüt vorherrschen.

Ein Leitfaden durch die Elemente in der Nahrung

Um die Anleitung zu vereinfachen, verwende ich die Buchstaben L, F und W für die Luft-, Feuer- und Wasserelemente in der Nahrung. Hier werden einige Nahrungsmittel und die Wirkungen ihrer Elemente im Körper besprochen.

1. *L (Luft)-Nahrung*: Äpfel, Maisgries, Zitronen, Petersilie, Salz, Kürbis, Tee und Hefe stärken das Nervensystem, schwächen jedoch die Zirkulation, und den Flüssigkeitshaushalt (Wasser).

2. *F (Feuer)-Nahrung*: Sellerie, Kaffee, Quark, Zwiebeln, Erdnüsse, Essigfrüchte, Kartoffeln, Hülsenfrüchte, Sojabohnen, Sonnenblumenkerne und Rohzucker. Sie stärken die Zirkulation, schwächen aber das Nervensystem und den Wasserhaushalt.

3. *W (Wasser)-Nahrung*: Flaschenmilch, Blumenkohl, Honig, Lattich, Fleisch, Reis, Tomaten und andere Gemüse stärken den

Wasserhaushalt, schwächen jedoch das Nervensystem und die Zirkulation.

4. *LF (Luft-Feuer)-Genußmittel*: Süßigkeiten, raffinierter Zucker etc., sind keine Nahrungsmittel, stärken jedoch das Nervensystem und die Zirkulation, schwächen den Wasserhaushalt und kühlen.

5. *LW (Luft-Wasser)-Nahrung*: Bananen, Rüben, Wurzelgemüse, Datteln, Eier, Pampelmusen, Haferflocken und gelber Mais stärken das Nervensystem und den Wasserhaushalt, schwächen jedoch die Zirkulation, und damit die Wärmeproduktion.

6. *LFW (Luft-Feuer-Wasser)-Nahrung*: Nur bei wenigen Nahrungsmitteln besteht eine völlige Harmonie aller drei Elemente. Dies sind: Frischer Rahm, frische Milch, frischer Fisch und schwarzer Pfeffer. Von ihnen heißt es, daß sie die entsprechenden Elemente im Körper mit ihren fünfzehn Prinzipien (fünf pro Element) zu beeinflussen vermögen. Es sei daran erinnert, daß wir hier den Einfluß von elektrisch geladenen Atomen (Ionen) im Körper behandeln und nicht Bezug nehmen auf andere Werte wie Vitamine, Mineralien, Eiweiß, Kohlehydrate und Salze. Zweifellos kann man die Ernährung sowohl unter Berücksichtigung der Ionenwerte als auch der allgemein bekannten Nährwerte ausgewogen zusammenstellen.

Berücksichtigen wir die Ionenwerte, müssen wir eine bescheidene Nahrungsaufnahme empfehlen. Es ist bekannt, daß die meisten Menschen überwiegend aus emotionalen Gründen und weniger aus einem körperlichen Bedürfnis zuviel essen. Der gesunde Menschenverstand sollte immer maßgebend sein.

Die Verwendung des schwarzen Pfeffers ist einfach zu dosieren: Man nehme fünf oder sieben Pfefferkörner, zerkaue sie und schlucke sie mit etwas Wasser. Sie sind im allgemeinen nicht „scharf“ im Geschmack, und dieses kleine Quantum regt die entsprechenden drei Elemente zu ausgeglichener Funktion und Wechselwirkung an. Ich befolge dies am Morgen und trinke darauf einen Schluck von einer auf Vorrat und zu gleichen Teilen zubereiteten Mischung Apfelessig mit Honig. Doktor Jarvis hat mit seinem Bestseller „Volksmedizin" den Apfelessig-Honig Millionen Menschen bekannt gemacht.

Meist haben verschiedene Autoren ganz persönliche Ansichten über den Einfluß der Ernährung auf den Körper. Auf einer der folgenden Seiten befindet sich eine Liste. Hierin werden die gewöhnlichen Nahrungsmittel und deren *Luft-Feuer-Wasser Qualität* (LFW) aufgeführt.

Man sollte eine ausgewogene Kostform einhalten, die zur Sättigung eben ausreicht. Man überesse sich niemals. Wichtig ist auch, wie bereits in einer früheren Lektion besprochen, die innere Reinigung des Körpers. Manchmal ist dieser so mit Schlacken belastet, daß es eines ganz besonderen Programms bedarf, um ihn von dieser Verunreinigung zu befreien. Wir empfehlen keine drastischen Maßnahmen oder ausgedehntes Fasten ohne fachmännische Anleitung: Wiederum ist gesunder Menschenverstand ein guter Ratgeber. Wenn der Körper wegen falscher Ernährung oder mental-emotionaler Unruhe aus dem Gleichgewicht geraten ist, braucht die Wiederherstellung Zeit. Zwar wird man bei einer Kur oft eine augenblickliche Besserung feststellen, doch dauert es einige Wochen oder Monate, bis der gesamte Organismus stabilisiert und alles wieder in vollkommenem Gleichgewicht und in Harmonie ist. Im Anschluß daran sollte jeder ernsthaft darauf bedacht sein, ein Programm zu befolgen, das richtige Ernährung, genügende und richtige Bewegung, mental-emotionale Gesundheit sowie spirituelle Übungen enthält. Diät allein wird Probleme nicht lösen – auch können positives Denken und Körperübungen allein nicht alle Störungen beheben. Ein praktisches Programm muß alle Aspekte der Lebensweise und des Daseins einschließen. Vertreter jeder therapeutischen Methode können ihren Patienten helfen, besondere Diät oder Körperbehandlungen (Chiropraktik, Fußreflexzonenmassage, Akupressur usw.) können heilen. Mental-emotionale Klärung durch Beratung, Gebet oder Selbstanalyse kann zur Gesundheit beitragen. *In jedem Fall ist es die Lebenskraft, die durch Ausräumen der hemmenden Faktoren heilt.* Farbtherapie und mental ausgerichtete Therapie mit Edelsteinen können hilfreich sein. Dies wird in einem späteren Kapitel noch erläutert. Wenn das Seelenbewußtsein dominiert, wird man ganz natürlich vorankommen und geführt werden, für den Organismus das Beste zu tun, ohne sich zu sehr auf Methoden und Verhaltensweisen zu spezialisieren. Unser Vorgehen sei spontan. Doch nur die wenigen Erleuchteten, die ganz in Harmonie mit der Natur leben, haben diese Anleitung nicht nötig.

Einige Nahrungmittel und ihre Zuordnung zu den Elementen Luft, Feuer und Wasser folgen nachstehend. Die Zahl 5 weist auf die volle Wirkung der feineren Aspekte eines jeden Elements hin. L bedeutet Luft, F Feuer und W Wasser.

Äpfel	L5	Honig	W5
Bananen	L5, W5	Zitronen	L5
schwarze Oliven	L5, W5	Fleisch	W5
Kohl	W5	Pilze	W5
Sellerie	F5	Zwiebeln	F5
Nelken	F5	Erdnüsse	F5
Artischocken	W5	schwarzer Pfeffer	L5, F5, W5
Rote Beete	L5, W5	Kartoffeln	F5
Flaschenmilch	W5	Reis	W5
Gelberüben	L5, W5	Sojabohnen	F5
Eßkastanien	L5, W5	Tee	L5
Kaffee	F5	Gemüse	W5
Avokados	W5	Weizen	F5
Broccoli	L5	frische Sahne	L5, F5, W5
Blumenkohl	W5	Endivien	F5, W5
Datteln	L5, W5	Pampelmusen	W5
Trauben	L5, W5	Tang	W5
Kohlrabi	W5	frische Milch	L5, F5, W5
grüner Salat	W5	Eier	L5, W5
Haferflocken	L5, W5	frischer Fisch	L5, F5, W5
Erbsen	F5	Petersilie	L5
Essigfrüchte	F5	Birnen	W5

Kürbis	L5	Bohnen 1)	W5
Mangold	W5	Salz	L5
Rüben	W5	Essig	F5
Walnüsse	F5	Quark	F5
Weizenmehl	L5	Gelber Mais	L5, W5

1) Manchmal werden Bohnen L5 zugeordnet, weil sie gelegentlich Gas im Organismus verursachen und das Luftelement stören.

Mehr über Körperreinigung und innere Harmonie

In einer kürzlich erschienen Ausgabe von „The Healthview Newsletter" wurde ein interessantes Gespräch mit Doktor Carey Reams, Biophysiker und Naturheilarzt, wiedergegeben. Dr. Reams ist der Entdecker eines genialen Urintests, der uns die Informationen liefert für eine mathematische Analyse der Körperchemie sowie zur Bestimmung der Art und Schwere verschiedener körperlicher Leiden. Dr. Reams erteilt außerdem Ratschläge über allgemeine Ernährung, um den Organismus ins Gleichgewicht und zu normalen Funktionen zu bringen. Er beschäftigt sich nicht mit der Diagnose von Krankheiten. Er empfielt ganz einfach eine der Körperchemie angepaßte Diätform.

Dr. Reams ist sicher, aufgrund einer Urinanalyse erkennen zu können, ob ein Mensch in nächster Zeit gefährdet ist, einen Herzanfall zu bekommen. Die verschiedenen Bestandteile der Analyse sind: (1) Der Säuregehalt von Urin und Speichel, (2) der Zuckergehalt des Urins, (3) die Salze im Urin, (4) die Anzahl toter, ausgeschiedener Zellen bezogen auf das Körpergewicht, (5) die Harnstoffmenge im Urin. Ein Zuviel an Harnstoff oder Salzen ist nach Dr. Reams für einen drohenden Herzanfall kennzeichnend. Dieser Vorgang überanstrengt und ermüdet das Herz und kann einen Herzinfarkt auslösen. Außerdem kann ein zu hoher Salzgehalt im Körper den Cholesterinspiegel erhöhen, wie dies häufig beim Angina-Pectoris-Anfall nachgewiesen wird. Eine zu große Salzanhäufung im Körper ist meist der Ausgangspunkt der Störungen. Dr. Reams weist nicht nur auf Speisesalz (Natriumchlorit) hin, sondern auch auf organische Mineralsalze, die in Gemüse und Früchten vorkommen, sowie auf Eiweiß- und Meersalze. Eine schlecht funktionierende Leber kann den Organismus zur Speicherung von Mineralsalzen veranlassen, statt daß sie durch den Urin ausgeschieden werden. Diese Salze sind oft im Muskelsystem und im Fettgewebe abgelagert. Dadurch verliert die Muskulatur in den Wänden der Arterien und Venen an Fähigkeit, durch Ausdehnen und Zusammenziehen als Blutpumpe zu wirken. Mit der Einbuße an Elastizität beginnt deren Verhärtung, die Arterien werden mit Cholesterin ausgekleidet und die Gefäßdurchgänge verengt.

Harnstoff wird oft mit dem Trinkwasser aufgenommen, welches aus Gegenden kommt, in denen größere Mengen von Ammoniakdünger verwendet werden. *Viel Harnstoff im Blut rührt von unverdautem Eiweiß her.* Wenn die Körperchemie schwach ist, wird sogar ein Teil des Milcheiweißes im Körper in Harnstoff umgesetzt. Durch ungenügende Schweißabsonderung und mangelnde Ausscheidung im Urin wird Harnstoff im Körper zurückbehalten. Auch Schweinefleisch, Schell- und Thunfisch verursachen eine Zunahme des Harnstoffs im Organismus. Sie sind im Unterschied zu Rindfleisch, Geflügel und anderen Fischen nach drei Stunden verdaut und so schnell resorbiert, daß der Körper das Eiweiß nicht verwerten kann. Es verwandelt sich in Harnstoff, der so schnell in den Blutstrom gelangt, daß der Körper ihn nicht ausscheiden kann. Zuviel Harnstoff im Organismus kann Nervosität und Reizbarkeit bewirken. Bei mangelnder Eiweißverwertung wird der Organismus mit Harnstoff vergiftet und zu Mehrarbeit auf Kosten der Körpereserven veranlaßt. Das trägt zu nervösen körperlichen Spannungen bei. Dr. Reams vermutet, daß der plötzliche Tod bei vielen Säuglingen durch eine Einnahme von zuviel Harnstoff durch die Muttermilch verursacht wird, weil die betreffenden Mütter zuviel zu schnell abbaubares Eiweiß in Form von Fleisch gegessen und ihren Harnstoffspiegel damit überhöht hatten.

Selbst Vegetarier, glaubt Dr. Reams, können mit konzentrierten Eiweißgetränken und Sojabohnen übertreiben.

Zur Behandlung wird eine Reinigung des Organismus durch Ausschwemmung überschüssigen Harnstoffs vorgeschlagen. Wir empfehlen während der Dauer der Reinigung jede halbe Stunde ca. ein Deciliter destilliertes Wasser zu trinken. Ein Großteil davon fließt durch den Organismus, ohne augenblicklich zu reinigen. Eine völlige Reinigung benötigt zwischen drei Monaten und einem Jahr. Doch kann 24 bis 48 Stunden Wassertrinken die unmittelbare Gefahr bannen. Einer der ersten Nebeneffekte ist die Verbesserung der mentalen Haltung und der persönlichen Einstellung. Mit der Ausschwemmung des Harnstoffs aus dem Körper lösen sich Spannungen und der Patient empfindet, die Welt sei besser und die Menschen seien angenehmer.

Das für diesen reinigenden Prozeß getrunkene destillierte Wasser entmineralisiert das lebende Gewebe und die Knochen nicht, es schwemmt lediglich abzubauende Stoffe aus verbrauchten oder abgestorbenen Zellen aus. Destilliertes Wasser wirkt in diesem Fall wie ein Schwamm oder Löschpapier. Das Wasser wird ionisiert und trägt eine elektrische Ladung mit sich, die tote Zellen und Eiweißschlakken aus dem Gewebe treibt.

Bittersalz wird ebenfalls als Katalysator verwendet, um übermäßiges Bluteiweiß in Energie umzuwandeln und überschüssiges Eiweiß in den Urin abzuleiten. Um das Herz wieder zu regenerieren, werden Nahrungsmittel mit einem natürlichen Gehalt an Arsenik verwendet, wie Spargel und Sellerie. Ein großer grüner Salat jeden Tag ist ebenfalls zu empfehlen. Das Rohchlorophyll hilft der Leber, Enzyme zu bilden, die von der Bauchspeicheldrüse gebraucht werden.

Beim Studium dieser Prinzipien und der Beschäftigung mit feinstofflichen und atomaren Einflüssen und mit den allgemein bekannten Erkenntnissen der Ernährung und dem Bedürfnis nach Reinerhaltung des Organismus, laßt uns unverwandt festbleiben in der Vergegenwärtigung unseres wahren Wesens. Die schöpferische Energie unseres Seins ist verwandt mit der schöpferischen Energie Gottes. Wenn wir in unsere Mitte und bewußt sind, fließen die Energien besser von innen nach außen in den mentalen Bereich und bis in den physischen Körper und rufen dort Harmonie und Ausgeglichenheit hervor.

Die Kraft, die das Universum lenkt, ist die gleiche, die unseren Körper und unser Gemüt belebt. Sind alle Organe gereinigt und fließen die Energien natürlich und in voller Kraft, ist für Gesundheit und richtige Funktion gesorgt. Ebenso wie der Körper gelegentlicher Reinigung bedarf, brauchen auch die mentalen und emotionalen Bereiche hin und wieder besondere Aufmerksamkeit. Wir wollen von negativem Denken und von ebensolchen Gemütsreaktionen ablassen. Unser Gemüt sollte ein „Gemüt des Lichts" sein, gereinigt durch die Ausstrahlung der Seele und ohne Einschränkung irgendwelcher Art.

Um gewiß zu sein, daß wir immer in unserer Mitte sind, meditieren wir täglich. Wir üben uns immerfort im Bewußtsein Gottes und unseres wahren Wesens, bis wir ganz davon erfült sind. Wir tun dann automatisch das, was für Gesundheit und Erfüllung auf allen Ebenen notwendig ist. Wir werden dann keine negativen Neigungen mehr haben, die uns veranlassen könnten, sinnwidrig oder im Widerspruch zu den Naturgesetzen zu leben. Gleichgewicht und steter Fluß sind nicht nur für die Gesundheit des Körpers wichtig, sondern auch für gesunde zwischenmenschliche Beziehungen und im Hinblick auf unsere Beziehungen zur Welt.

„Ich bin ein Leben-schenkender Geist, geschaffen nach dem Bilde und Wesen Gottes. Ich ruhe in der Erkenntnis meines wahren Wesens, ich bin offen und klar, mein Gemüt ist ein Gemüt des Lichts, mein Körper ist der Tempel des Geistes, und ich trage zu seinem Wohlbefinden bei, indem ich in Harmonie mit der Natur lebe."

Hilfreiche Ernährungsvorschläge

Hier ein Leitfaden über die gebräuchlichsten Nahrungsmittel und ihren Einfluß auf den Körper in Übereinstimmung mit Ayurveda und zeitgemäßen Ernährungsforschern. Allgemein wird die Meinung vertreten, daß Wasser befeuchtet, Salz verflüssigt, Alkalisches verdaut, Honig aufbaut, Butter fettet und schmiert, frische Milch belebt, Fleisch kräftigt und ein Übermaß an Alkohol die Altersdegeneration fördert. Im einzelnen folgendes:

Körner

Weizen ist süß, nahrhaft, tonisierend und aufbauend. *Brauner Reis* wirkt süß, kühlend, leicht anregend auf das Luftelement im Organismus. *Hirse* ist heiß und trocken und stärkt das Feuerelement. Gleichzeitig kräftigt sie und beeinflußt die Gesundheit stärkend und tonisierend. *Buchweizen* hat, mit Maß genossen, hervorragenden Nährwert.

Gewürze

Kümmel ist leicht, trocken und heiß, schwächt Luft- und Wasserelement, indem er das Feuerelement unterstützt. Er ist appetitanregend, verdauungsfördernd, belebend, blutreinigend und wassertreibend. Er ist angezeigt bei Störungen, die durch ein Übermaß an Wasser- und Luftelement bedingt sind.

Schwarzer Pfeffer ist verdauungsfördernd und beeinflußt sowohl das Luft- als auch das Feuerprinzip, indem er den Ausgleich zwischen Wasser, Luft und Feuer herstellt. Der Feuereinfluß des schwarzen Pfeffers stärkt die Magenfunktion und tonisiert den gesamten Organismus.

Ingwer wird als Reinigungsmittel angesehen und ist eines der häufigsten Gewürze, das von Ayurvedatherapeuten verwendet wird. Frischer Ingwer ist zu bevorzugen und sollte, wie alle Gewürze, nicht im Übermaß genommen werden.

Asafötida (Teufelsdreck) ist gleichzeitig scharf und mild. Sparsam verwendet ist es ein Anregungsmittel und hilfreich bei Magenbeschwerden und zur Reinigung des Darms.

Koriander hat die Tendenz, alle drei Elemente, Luft, Wasser und Feuer, im Organismus zu beruhigen. Er ist wassertreibend und appetitanregend.

Gelbwurz ist trocken und mild und hat die Tendenz, alle Elemente im Organismus zu mildern. Er verbessert die Verdauung und reinigt den Organismus.

Knoblauch ist ein sehr wichtiges Mittel unter den Heilpflanzen. Meist als Verjüngungsmittel verwendet, wirkt er auch blutreinigend und fäulniswidrig im Bereich der Schleimhäute. Ein oder zwei Zehen feingehackten Knoblauch ein- bis zweimal am Tag in Wasser eingenommen sollen ein gutes Reingungsmittel sein. Sie wirken vorbeugend gegen Erkältung und Influenza. Wer Knoblauch auf diese Art einnimmt, kann etwas dunkles Brot und einige Weintrauben oder Datteln dazu essen, um ein Brennen im Magen zu vermeiden. Knoblauch kann auch in Salat gegeben und in Butter oder Öl zum Gemüse gedämpft werden.

Zimt stärkt das Feuerelement im Körper, wirkt reinigend, besonders im Rachen und bei Munderkrankungen.

Kardamon dämpft alle Elemente im Körper und ist ein nützliches Stärkungsmittel für den Organismus.

Nelken setzen den Einfluß aller drei Elemente herab und wirken im Körper als allgemeines Reinigungsmittel.

Pfefferminze ist hilfreich bei Atem- und Darmstörungen. Sie wirkt anregend und kann als Tee verwendet werden.

Safran hat eine anregende und verjüngende Wirkung. Er verringert das Feuer- und Luftelement und fördert das Wasserelement.

Tamarinde verleiht gekochten Speisen einen sauren Geschmack und wirkt als angenehmes Reinigungsmittel. Sie sollte nicht im Übermaß genossen werden.

Getränke

Grundsätzlich ist es nicht empfehlenswert, während der Mahlzeiten zu trinken, weil dies die Magensäfte verdünnt und den Verdauungsvorgang stört.

Reines Wasser ist zweifellos eines der besten Getränke. Zwischen den Mahlzeiten und während des Tages soll man genügend trinken, um Harnstoff und Salze auszuschwemmen. Seit sich im Wasser der Städte schädliche Chemikalien und Schmutzbestandteile befinden, ist eine Anlage zur Aufbereitung von Trinkwasser da nötig, wo frisches Quell- oder Brunnenwasser nicht zur Verfügung steht.

Milch darf nicht im Übermaß genossen werden, vor allem nicht bei übermäßiger Verschleimung. Ziegenmilch ist der Kuhmilch überlegen und sollte frisch und möglichst nicht pasteurisiert getrunken werden. Sehr zu empfehlen ist der Milchgenuß in Form von Joghurt, den man auch auf einfache Weise selbst herstellen kann: Nimm eine Thermosflasche von ca. einem Liter Inhalt mit weiter Öffnung, bringe die Milch zum Kochen, lasse sie ein wenig über Körpertemperatur abkühlen (vergewissere Dich, daß Du etwas weniger als einen Liter einfüllst, um für den Joghurtimpfstoff Platz zu haben). Fülle die Milch in die Thermoskanne, füge den Impfstoff bei, rühre um und verschließe sie sechs bis acht Stunden lang. Spüle den Behälter immer sorfältig mit heißem Wasser aus. Vor dem Einfüllen der Milch sollte er vorgewärmt sein, um die erforderliche Temperatur beizubehalten. Vergewissere Dich nach ca. sechs Stunden, ob die Mischung fest geworden ist. Man setze Joghurt vor dem Schlafengehen an, um ihn morgens verfügbar zu haben. Wenn der Joghurt dicker, fetter gewünscht wird, kann der Milch vor dem Erwärmen eine Tasse Milchpulver beigefügt werden. Fülle den fertigen Joghurt in Tassen oder Gläser und stelle ihn zum Abkühlen in den Kühlschrank. Behalte eine halbe Tasse für die nächste Impfung zurück. Gewöhnlich kann man mit dieser Joghurtzubereitung einige Wochen oder sogar Monate fortfahren. Joghurt kann man rein oder mit Früchten vermischt essen und immer als Ersatz für sauren Rahm verwenden.

Kaffee ist normalerweise nicht zu empfehlen. Wenn aus bestimmten Gründen vom Arzt verordnet und in Maßen getrunken, wird er wahrscheinlich nicht schaden. Im Übermaß ist er mit Sicherheit unbekömmlich.

Tee darf mäßig getrunken werden. Die der Gesundheit zuträglicheren Kräutertees sind natürlich besser. Kräutertees haben viele günstige Wirkungen auf den Organismus, und mit Hilfe der diesbezüglichen Schriften kann jeder leicht die für ihn wohltuenden Sorten finden.

Wird ein Süßstoff für Getränke, Früchte oder Getreide benötigt, ist Honig ideal. Jedoch sollte er nicht im Übermaß genommen werden. Ein bekömmliches Getränk besteht aus Apfelessig und Honig zu gleichen Teilen vermischt, von deren Mischung zwei- bis dreimal täglich ein Schluck vor den Mahlzeiten eingenommen wird. Es wirkt hilfreich bei der Aufrechterhaltung des Säure- Basengleichgewichts im Körper. Während des Fastens oder bei einer Entschlackung ist eine Mischung von Wasser mit frischem Zitronensaft und Honig bekömmlich. Manche ziehen es vor, das Getränk nur mit reinem Ahornsirup statt mit Honig zuzubereiten. Raffinierter Zucker ist für die menschliche Ernährung nicht zu empfehlen.

Früchte

Früchte sollten möglichst roh genossen und gut gekaut werden. Einige können gedämpft oder leicht gekocht werden. Wegen ihrer hohen Abgabe von Sonnenenergie und ihrer starken Reinigungswirkung im Körper, sollten sie mäßig gegessen werden. Man ißt sie am besten zwischen den Mahlzeiten und nicht zusammen mit Eiweiß, Kohlehydraten oder Gemüsen. Frisch und reif ist der Apfel eine ausgezeichnete Frucht. Eine Vielzahl von Früchten ist für die meisten Menschen gut bekömmlich: Orangen, Bananen, Erdbeeren und Beeren aller Art, frische Kokosnuss, Datteln, Pampelmusen, Limonen, Zitronen, Birnen, Ananas usw.. Werden die Schalen mitgegessen, – und sie sollten es, wenn immer möglich, – wasche man die Früchte vor dem Verzehren gründlich, um sie von Staub und Spritzrückständen zu reinigen.

Mandeln und Nüsse aller Art sind empfehlenswert. Erdnüsse werden oft als schwer verdaulich empfunden. Kürbis- und Sonnenblumenkerne sowie andere eßbare Samen sind reich an Spurenelementen und Eiweiß, Kürbiskerne auch an natürlichem Zink. Sie dienen vor allem dem männlichen Organismus, weil Zink zur Erhaltung der Zeugungsfähigkeit notwendig ist. Mandeln, Samen und auch Aprikosenkernen schreibt man eine geschwulstverhütende Wirkung zu.

Gemüse

Gemüse kann in sehr vielfältiger Zubereitung gegessen werden, am besten roh, nötigenfalls leicht gedünstet. Verkoche es niemals! Solltest Du Gemüse kochen, verwende das Kochwasser später als Suppe, da dieses Wasser viele Mineralien und Vitamine enthält. Verwende möglichst ungeschältes, gut gewaschenes und von ungenießbaren Stellen befreites Gemüse. Für Salate verwende verschiedene Gemüse und Kräuter. Man kann leicht schmackhafte Salatsoßen zubereiten. Eine von mir sehr geschätzte Salatsoße ist die für den klassischen „Cäsarsalat“ übliche: Zerdrücke ein oder zwei Knoblauchzehen in einer hölzernen Salatschüssel (und reibe sie ins Holz), entferne entweder den festen Rückstand oder lasse ihn je nach persönlichem Geschmack darin, füge eine Prise Senfpulver und eine Prise Salz, etwas gemahlenen schwarzen Pfeffer, Olivenöl und genügend frischen Zitronensaft bei. Man kann auch mit den flüssigen Zutaten anfangen und die festeren nachher beifügen. Mische die Salatsoße in einer Tasse oder Schale und übergieße den Salat erst kurz vor dem Servieren und mische die Soße leicht unter. (Mit einigen leicht gerösteten Brotwürfeln läßt sich der Salat auflockern. Die Brotwürfel nur leicht anrösten, denn schwere Röststoffe sind schädlich.) Die Salatsoße kann durch ein daruntergemischtes zerschlagenes Ei verfeinert werden: Man gieße heißes Wasser über das in einer Tasse liegende Ei, lasse es einige Minuten darin, schlage es dann auf und vermische es gut mit der Soße.

Das Gemüse ist bekömmlich, wenn die zu kochenden Gemüse nicht zu lange auf dem Feuer bleiben und die roh zu genießenden gut gekaut werden. Früchte sind die Reiniger, Gemüse die Erbauer des Körpers. Vollkornmehle können für Brot, für Kuchenböden oder Gebäck verwendet werden.

Eine vorzügliche Methode, die bestmögliche Wirkung von Samen, wie Alfalfa, Mung-Bohnen und Getreide zu erhalten, ist das Keimenlassen. Gekeimt, in Salat, auf Butterbroten oder Avocados serviert, liefern diese Sprossen reichlich Enzyme, Vitamine und Mineralien.

Zur Zubereitung von Gemüse- und Fruchtsäften lohnt sich eine Saftmaschine. Das Fruchtfleisch sollte lediglich zerkleinert und der volle Gehalt der Frucht oder des Gemüses verwertet werden. Karottensaft, zirka 1/2 Liter pro Tag als Nachmittagsgetränk oder anstelle des Mittagessens, wirkt besonders aufbauend und reinigend. Sellerie und Petersilie können in kleinen Mengen dem Karottensaft (schon beim Entsaften) beigegeben werden. Für eine Reinigungskur trinke man die Fruchtsäfte am Morgen und die Gemüsesäfte am Nachmittag. Man trinke sie langsam und vermenge sie zur besseren Verdauung im Mund mit Speichel.

Die Nahrung soll angenehm schmecken und richtig zusammengesetzt sein. Bei der gleichen Mahlzeit sollte man von der schweren Nahrung weniger essen als von der leichten. Ein Wort aus alten Schriften sagt darüber: „Jener Mensch, dessen ‚Magenfeuer' ausgeglichen ist, der sich von gesunder Nahrung und geeigneten Getränken ernährt, der sich Zeit nimmt für tägliche Meditation, für Nächstenliebe und den Weg der geistigen Erlösung, wird, von Ausnahmen abgesehen, nicht das Opfer herannahender Krankheiten werden. Ein disziplinierter Mensch, der gesunde Nahrung zu sich nimmt, lebt hundert Jahre lang, gesegnet durch gute Menschen und verschont von Krankheit."

Ein weiterer Hinweis bei der Aufnahme von Nahrung und Getränken ist unser geschmackliches Empfinden: Süß, sauer, scharf, bitter, salzig oder zusammenziehend. Die verschiedenen Geschmacksarten beeinflussen im Körper die drei Elemente Luft, Feuer und Wasser.

Das Luftelement wird verstärkt durch zusammenziehenden, bitteren oder scharfen Geschmack und gemindert durch Süßes, Saures und Salziges.

Das Feuerelement wird unterstützt durch saure und salzige und abgeschwächt durch zusammenziehende und süße Geschmacksstoffe.

Das Wasserelement wird vermehrt durch süße, saure und salzige und abgeschwächt durch bittere, scharfe und zusammenziehende Geschmacksstoffe.

Wenn der Organismus ausgeglichen ist, kann man bei der Wahl der Nahrung seiner natürlichen Neigung folgen.

Süß ist meistens kräftigend, verleiht erhöhte Gesundheit, ist gut für das Blut, die Augen und die gesamte Hautfarbe. Ein Übermaß im Organismus führt zu Fettleibigkeit, Mattigkeit, überstarkem Schlafbedürfnis, Schwere, Husten, Erkältung, Verdauungsschwäche, Verstopfung, Erbrechen, Atembeschwerden, Augenkrankheiten, Geschwulstbildung, Ausscheidungskrankheiten und Kopfschmerzen.

Sauer wirkt appetitanregend und begünstigt die Absonderung von Speichel und Magensaft. Im Übermaß verursacht es Durst, Blasenerkrankungen, Entzündungen, Blutarmut, Sehschwäche und Fieber. Es verunreinigt das Blut wegen des überwiegenden Einflusses von Feuer- und Wasserelement und führt zu Infektions-Krankheiten.

Salzig vermehrt den Appetit und verbessert die Verdauung. Es unterstützt die Säftesekretion im Körper, da es das Wasserelement abschwächt. Im Übermaß verursacht es Zahn- und Zahnfleischprobleme, Übersäuerung, Blutveränderung und Neigung zu allgemeinen Entzündungen.

Scharf reinigt den Mund und verbessert die Verdauung und die Umsetzung der Nahrung. Im Übermaß trocknet es das Wasserelement aus, unterbindet den natürlichen Flüssigkeitsaustausch im Organismus und bei stillenden Müttern die Milchbildung.

Bitter wirkt temperatursteigernd und austrocknend. Es bringt auch das Luftelement des Körpers aus dem Gleichgewicht.

Zusammenziehend vermindert Wasser- und Feuerelement und trocknet die Körpersekretion aus. Es reinigt das Blut. Im Übermaß verursacht es Schmerzen in der Bauchhöhle, Trockenheit im Mund, Gase in den Därmen, Verstopfung, und beeinträchtigt den Säfteumlauf im Körper.

Die Beachtung der Ernährungsweise wird von allen Wahrheitslehrern empfohlen, damit Gemüt und Körper sich wohlfühlen und das höhere Bewußtsein imstande ist, sich in dieser Welt vollkommen auszudrücken. Die aufgenommene Nahrung wird in Blut, Muskeln, Nerven, Fett, Haut, Knochen, Mark und Zeugungssekrete umgewandelt. Darüber hinaus wird Nahrungsenergie in feinstoffliche

Energie umgewandelt, in der Hirnanhangsdrüse gespeichert und für die Regulierung der Körperfunktionen verwendet. Meditation und Gebet wandeln ebenfalls grobstoffliche in die für die Entwicklung von Gehirn und Nerven erforderliche feinstoffliche Energie um. Wer der Nahrungsaufnahme vernünftige Aufmerksamkeit schenkt, wird dadurch gesunden Menschenverstand entfalten. So merken wir uns:

„Ich bin ein Leben-schenkender Geist, ich wähle meine Nahrung weise aus, um diesen Körper aufzubauen und zu erhalten. Ich benütze beide, Körper und Gemüt, um das Göttliche auszudrücken."

Möglicher Einfluß von Edelsteinen und Metallen auf den menschlichen Organismus

Der Inhalt dieses Kapitels ist das Ergebnis aus dem Studium verschiedener Bücher. Die Forschungen darüber sind noch keineswegs abgeschlossen. Die Unterlagen sollen den an diesem Thema Interessierten dienen.

Wie in unserer Betrachtung über Nahrung ab Seite 99 im vorigen Kapitel, untersuchen wir auch hier die Grundeigenschaften der Manifestationen unter dem Einfluß feinstofflicher Energien und Frequenzänderungen. Wir betrachten die drei Grundeigenschaften im Körper (Luft, Feuer und Wasser) in bezug auf die Einflüsse von Edelsteinen und Metallen auf den Organismus. Ich erinnere daran, daß das Universum aus den Elementen Äther, Luft, Feuer, Wasser und Erde geformt ist. Wenn nach dieser These Erd- und Wasserelement in Verbindung kommen, tritt der Einfluß des Wasserelements hervor. Bei Verbindung des Feuer- und Erdelementes tritt das Feuerelement hervor. Treten im Körper Äther- und Luftelement in Verbindung, wird das Luftelement betont. Wasser kühlt, Feuer erhitzt, Luft ist die belebende Kraft, die das Nervensystem durchzieht.

Es ist einleuchtend, daß die drei Systeme in ausgeglichenem Zustand erhalten werden können, wenn wir ihnen die passende Anregung durch korrekte Atmung, gesunde Ernährung, richtige mentale Einstellung und Seelenverwirklichung geben. Eine weitere Möglichkeit, die Systeme im Gleichgewicht zu erhalten, besteht in der Unterstützung des Organismus durch die Nutzung der Farben sowie der Ausstrahlungen von Edelsteinen und Metallen.

Okkulten Lehren entsprechend sollen alle Dinge eine charakteristische Strahlung aussenden, das heißt, die in den Objekten gespeicherte Energie verströmt ständig in ihre Umgebung. Dabei lösen sich die Dinge langsam auf. Das ist ein Naturgesetz und entspricht dem Wechsel der Energie von einer Form in die andere. Energie formt sich zu Dingen, und Dinge fließen schließlich in den Zustand freier Energie zurück. Energie hat bestimmte Frequenzen, entsprechend dem Zweck ihrer Umwandlung und der Lenkung durch die ordnende Intelligenz.

Man nimmt an, daß die Strahlen der Edelsteine oder Metalle von der Haut aufgenommen werden, wenn sie in direktem Kontakt mit der Haut getragen werden. Auch von einem Ring, Armband oder Halsschmuck nehmen wir die entsprechende Strahlung auf. Ayurveda-Spezialisten lehren, daß die Strahlen durch die Haut aufgenommen und über die Lymphflüssigkeit dem Elekrolyt-haltigen Blutplasma zugeführt werden. Diese elektrischen Ladungen sollen den natürlichen Körperstrom begünstigen und damit auf die Körperfunktionen einwirken.

Die alten Weisen lehrten, daß Edelsteine und Metalle auf dem Planeten Erde durch planetarische Strahlungen aus dem Kosmos gebildet werden, die auf das *kristallisierte Prana* (die Lebenskraft) der Erde einwirken. Dieser philosophischen Lehre zufolge verändert sich der *eine* Strom aus der Quelle, wenn er zum Weltprozeß wird, in fünf verschiedene Frequenzen und vollzieht so die nötigen Funktionen: Kristallisieren (Verdichten), Umwandeln, Assimilieren (Einverleiben), Zirkulieren (Umlaufen) und Eliminieren (Ausscheiden). Planeten in unserem Sonnensystem strahlen Energien in den Raum, die alles beeinflussen, womit sie in Kontakt kommen. Das Universum ist ein elektrisches Phänomen, dessen Ströme gegenseitig aufeinander einwirken, wodurch Ereignisse in Erscheinung treten. Nach der *Rig-Veda*, einer der ältesten bekannten Schriften, sind Edelsteine Produkte von starker Hitze und Feuer. Edelsteine und Metalle stellen offenbar die Kristallisation von Ionen der Elemente und Elementarverbindungen dar. Wenn bestimmte Grundformen der Materie durch Hitze geläutert werden, entstehen Edelsteine.

Vedische Quellen weisen darauf hin, daß Edelsteine und Metalle fünf Hauptqualitäten haben: Die Beschaffenheit oder Wirkung, die besondere Eigenschaft (positiv, negativ oder neutral), die Fähigkeit der

Wechselwirkung, die Wechselwirkung selbst und das Ergebnis der Wechselwirkung. Die Farben der Edelsteine sowie deren chemische Zusammensetzung spielen dabei eine Rolle. Edelsteine bringen nicht nur allgemeine planetarische Wirkungen zum Ausdruck; sie ziehen außerdem die Strahlung des bestimmten Planeten an, der ihnen als Regent zugeordnet wird.

Wir verwenden immer natürliche, echte, und keine synthetischen Steine. Dann können wir sicher sein, daß der Einfluß der planetarischen Energie wirksam ist.

Die Verwendung von Edelsteinen

Es gibt verschiedene Möglichkeiten festzustellen, welcher Edelstein auf uns den größten Einfluß hat. Weit verbreitet ist die Methode, den Edelstein zu wählen, der mit dem Regenten des Aszendenten (aufgehendes Zeichen im Horoskop) übereinstimmt. Dies kann mittels Sternzeit im Horoskop berechnet werden. Hierbei wird auch die jeweilige Konstellation der Planeten berücksichtigt. Kennt man den Aszendenten, braucht man nur in der Tabelle nachzusehen, welcher Edelstein dem Zeichen zugeordnet ist, und diesen dann regelmäßig zu tragen. Da der Aszendent einen starken Einfluß hat, sollte der entsprechende Edelstein eine kräftige Ausstrahlung in seinem Einflußbereich haben.

Man kann die Auswahl des Edelsteins auch nach dem Zeichen des Zodiak (Tierkreiszeichen) berechnen. Wir verwenden dazu die Methode von Ayurveda, die vor mehreren tausend Jahren erforscht wurde, ehe die heute bekannten Planeten entdeckt waren. Danach ergibt sich folgende Zusammenstellung:

Damit die Strahlung wirken kann, wird empfohlen, die Edelsteine so zu fassen, daß die Rückseite der Fassung offen ist, und die Steine die Haut berühren können.

Tierkreiszeichen	Edelstein	Planeteneinfluß	Karat
Widder	Koralle	Mars	9, 11 oder 12
Stier	Diamant	Venus	mind.2, oder trage Zirkon
Zwillinge	Smaragd	Merkur	3, 5, 7 oder 10, oder trage Aquamarin
Krebs	Perle	Mond	2, 4 oder 6
Löwe	Rubin	Sonne	3 Karat, oder trage Granat
Jungfrau	Smaragd	Merkur	siehe Zwillinge
Waage	Diamant	Venus	siehe Stier
Skorpion	Koralle	Mars	9, 11 oder 12
Schütze	Topas	Jupiter	7 oder 12
Steinbock	Saphir	Saturn	5 oder 7
Wassermann	Onyx	Uranus	6, 11 oder 13
Fische	Katzenauge	Neptun	3, 5 oder 7

Manchmal wird empfohlen, Edelsteine in Verbindung mit besonderen Metallen zu verwenden und sie an einem bestimmten Finger zu tragen. Dann fließt die Strahlung bestimmte Kraftlinien entlang und kann so gewisse Körperzonen gezielt beeinflussen. Einen allgemeinen Einfluß erzielt man schon durch einfaches Tragen des Edelsteins. Die Möglichkeit spezieller Einflüsse je nach unseren persönlichen Bedürfnissen hervorzurufen, werden wir später in diesem Kapitel behandeln.

Falls ein Mensch sein Tierkreiszeichen oder seine genaue Geburtszeit nicht kennt, gibt es noch eine andere Methode, den passenden Edelstein ausfindig zu machen, nämlich die Numerologie nach den Tabellen von Pythagoras. Aus Urkunden wissen wir, daß Pythagoras von Griechenland nach Indien gereist ist. Dort lernte er von Eingeweihten im Himalaya die folgende Methode: Jedem Buchstaben im Vor- und Zunamen eines Menschen (dem am meisten verwendeten Vornamen) werden diese Zahlenwerte zugeordnet:

1	2	3	4	5	6	7	8	9
a	b	c	d	e	f	g	h	i
j	k	l	m	n	o	p	q	r
s	t	u	v	w	x	y	z	

Addiere einfach die zu den Buchstaben gehörenden Zahlen und bilde die Quersumme. Z. B.

W	i	l	h	e	l	m		S	c	h	m	i	d	t
5	9	3	8	5	3	4		1	3	8	4	9	4	2

ergibt 68 oder 6 plus 8 gleich 14, 1 plus 4 gleich 5. In diesem Fall wäre 5 die bestimmende Zahl – die Schwingung, die den Buchstaben des Namens gleichwertig ist.

Diese Methode beschreibt folgende Zuordnung der Edelsteine:

1 Rubin, 2 Perle, 3 Topas, 4 Onyx, 5 Smaragd, 6 Diamant, 7 Katzenauge, 8 Saphir, 9 Koralle.

Es gibt noch eine andere Möglichkeit, die zu tragenden Edelsteine und Metalle zu bestimmen: Durch Erstellung eines astrologischen Horoskops läßt sich herausfinden, welche planetarischen Einflüsse schwach, stark oder gestört sind. Wenn man dann einen schwachen Gestirneinfluß unterstützen will, sollte man einen Stein tragen, der die betreffende Ausstrahlung hat. Wenn man einen starken Einfluß zu neutralisieren wünscht, sollte man einen Stein tragen, der die entgegengerichtete Strahlung verstärkt. Wenn man einen gestörten Einfluß harmonisieren will, sollte man ausgleichend wirkende Edelsteine tragen. Das erfordert eine sorgfältige astrologische Untersuchung.

Ich finde allerdings, sorgfältig ausgewählte Nahrung und die Arbeit an Gemüt und Bewußtsein sind ein direkterer Weg, sich ins Gleichgewicht zu bringen. Jedoch wurden mit der Methode der Edelsteine und Metalle auch schon nützliche Ergebnisse erzielt.

Viele Menschen interessieren sich für den Einfluß der Farben, weil sie die Chakras oder Lebenszentren beeinflussen. Auf der folgenden Seite befindet sich eine übersichtliche Tabelle, die die verschiedenartigen Beziehungen der Chakras zeigt.

Farben beeinflußen die menschlichen Sinne je nach der wirksamen Frequenz der Lebenskraft und der Bewegung und Tätigkeit der feinstofflichen Lebenskräfte.

Fünf feinstoffliche Sinne	**Fünf Aspekte der Lebenskraft**
Sehen – Rot	Leben (Prana) – Grün
Riechen – Grün	Aufwärts (Udana) – Violett
Tasten – Violett	Waagerecht (Samana) – Rot und Gelb
Hören – Blau	Ausbreitend (Vyana) – Blau
Schmecken – Orange	Abwärst (Apana) – Orange und Indigo

Farben, die über die Sehnerven oder über Edelsteine vermittelt werden, und Farbschwingungen, die über die Nahrung und die Atmung aufgenommen werden, beeinflussen die Chakras und harmonisieren den Organismus. Ebenso harmonisiert die natürliche Zirkulation der

Chakra	Planet	Edelstein	Farbe	Element	Polarität	Einfluß	Geschmack
Scheitel	Merkur	Smaragd	Grün	Wasser	Positiv	Heiß	AlleArten
Drittes Auge	Jupiter	Topas,Mondstein	Blau	Luft	Neutral	Heiß	Süß
Nacken Hals	Venus	Diamant	Indigo	Wasser	Positiv	Kalt	Sauer
Brust Herz	Saturn	Saphir	Violett	Luft	Neutral	Kalt	Salzig
Sonnengeflecht	Sonne	Rubin	Rot	Feuer	Negativ	Heiß	Scharf
Kreuzbein	Mond	Perle	Orange	Wasser	Positiv	Kalt	Zusammen ziehend
Steißbein	Mars	Koralle	Gelb	Feuer	Negativ	Heiß	bitter

Anmerkung: In der obigen Tabelle sind die Chakras (die Verteilungsstellen, durch die die Lebenskraft fließt,) der Einfachheit halber zuerst aufgeführt, weil sie von oben nach unten aufgezählt werden; die zweite Spalte gibt den planetarischen Regenten der Edelsteine an. Von dort nach rechts folgen die Farben, feinstoffliche Eigenschaften der Elemente, Polaritäts-Einflüsse, Einflüsse von heiß und kalt und der „Geschmack“ der Frequenzen, so wie deren Einflüsse auf der Zunge wahrgenommen werden. Die astral-physikalisch-chemischen Bedingtheiten beeinflussen den Organismus, diese können durch bestimmte Signale wahrgenommen werden, z. B. durch Farbwahrnehmung, Tastempfindung, Energiezufuhr und Geschmack. Alle Sinne können in den feinstofflichen Sinneswahrnehmungen widergespiegelt werden, so daß Farbe, Klang, Geruch, Geschmack und Tastempfindung aller Dinge in der Umgebung wahrgenommen werden können, ungeachtet dessen, ob sich um innere oder äußere Signale handelt.

Lebenskräfte (shakti) durch Kriya-Yoga-Übungen und den spontanen Energiefluß während der Meditation die Chakras und die Drüsen und schafft ein Gleichgewicht der drei Elemente Feuer, Luft und Wasser.

Diese drei Elemente werden ebenfalls vom Tagesrhythmus beeinflußt. Von 6 bis 10 Uhr vormittags ist das Wasser-Element am aktivsten. Daher ist dies die ideale Zeit zum Entschlacken. Von 10 bis 14 Uhr ist das Feuer-Element vorherrschend. Darum ist dies die günstigste Zeit für die Nahrungsaufnahme, vor allem kurz vor Mittag. Von 14 bis 18 Uhr dominiert das Luft-Element und verstärkt die Nervenkraft. Vor und nach der Dämmerung kommen die Körper-Elemente zur Ruhe, was ein leichtes Meditieren ermöglicht. Menschen, Tiere und Pflanzen erleben in diesen Zeiten natürliche Ruhe.

Es ist ratsam, sich eine Übersicht darüber zu verschaffen, wie die kosmischen Ströme in Manifestation fließen. Ein Verständnis dieses Vorgangs befähigt den Menschen, in Harmonie mit der Natur zu leben und auch Beherrschung über innere und äußere Kräfte zu erlangen, wenn sich die konstruktive Notwendigkeit ergibt. Obwohl der Energiefluß in der Tabelle von oben nach unten dargestellt ist, sollte er als von innen nach außen strömend betrachtet werden, so wie die Manifestation vom inneren Raum oder transzendentalen Bereich ausströmt.

Wirkungen der Metalle

Metalle sind lebendig. Die Oxydation der Metalle ähnelt hinsichtlich der Reaktion auf das Luftprinzip der Natur dem Atmungsprozeß und Stoffwechsel des menschlichen Körpers. Auch bei Metallen gibt es Abnützung, Ermüdung, Streß und Überlastung. Es heißt, daß Schneide-Werkzeuge ihren scharfen Schnitt wiederbekommen, wenn man ihnen nach langem Gebrauch „Erholung“ gönnt. Experimente mit Pyramiden-Energien und den Einwirkungen des Mondlichtes auf Rasierklingen haben ergeben, daß Metalle auf äußere

Ordnung der kosmischen Manifestation (nach Angaben Vedischer Seher)

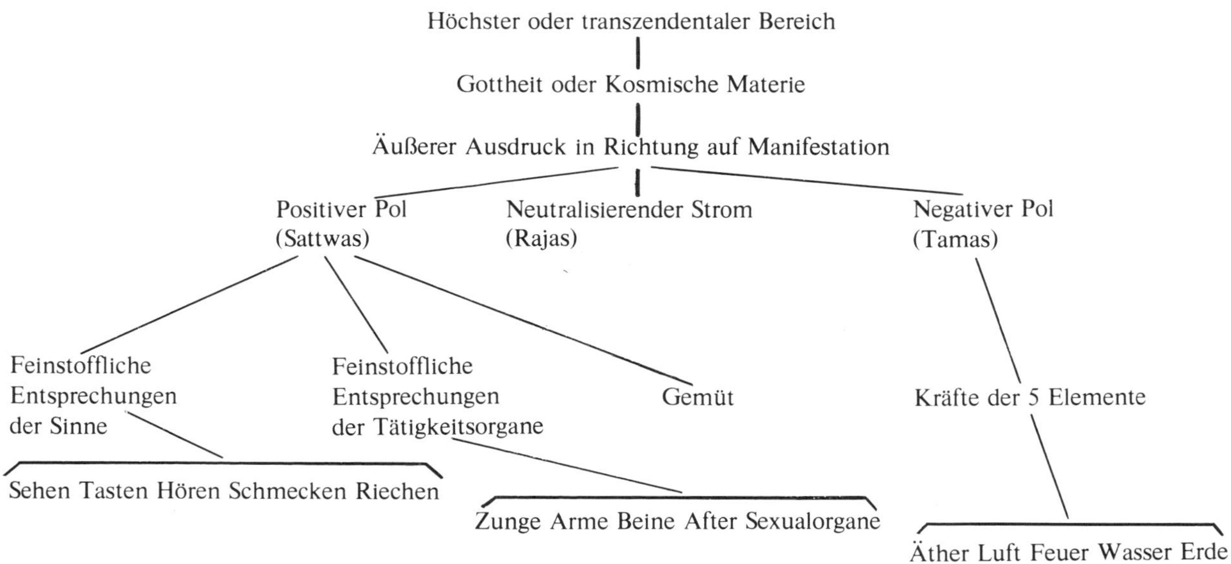

Dieses Diagramm zeigt, wie der *eine* Strom seine Frequenz unter dem Einfluß der drei elektrischen Attribute (positiv, negativ und neutralisierend) ändert. Er erzeugt die Sinnes- sowie Tätigkeitsorgane und tritt auch als nährende Kräfte in Erscheinung.

Energie-Einflüsse reagieren. Metalle kristallisieren mit zunehmendem Alter, nutzen sich ab, zerbröckeln und zerbrechen.

Gold, Silber, Kupfer, Eisen, Blei und Quecksilber sind für therapeutische Zwecke verwendbar. Quecksilber wurde in früheren Zeiten in verfeinerter Form zur Körperreinigung und zum „Austreiben" von Krankheiten verwendet. Dieser Verfeinerungsprozeß ist in der westlichen Welt von heute nicht mehr bekannt. Er erfordert Hitze und eine Mischung von Schwefel mit bestimmten Kräutern.

Gold steht unter dem Einfluß der Sonne: erhitzt und dehnt aus. *Silber* wird vom Mond regiert: kühlt und zieht zusammen. *Kupfer* wird durch die Venus bestimmt und hat auf den Organismus einen reinigenden Einfluß mit besonderer Wirksamkeit bei Arthritis und Rheumatismus. Ein kürzlich von Ärzten einer Universität im Doppelblindversuch durchgeführter Test zeigte, daß Aspirin, kombiniert mit Kupfer eingenommen, bessere Heilungsergebnisse brachte als ohne Kupfer-Beigaben. Viele Menschen (auch ich) tragen einen Mehrzweck-Armreif, hergestellt aus geflochtenen Kupfer-, Silber- und Golddrähten nach Anweisung des Lehrers meines Lehrers, Swami Sri Yukteswar, der ein Yoga-Meister und ein erfahrener Ayurveda-Heiler war. Ich weiß nicht, ob der Armreif nützlich ist. Ich trage ihn aus gefühlsmäßigen Gründen: Er stimmt mich auf die Wellenlänge meiner Meister-Linie ein, wenn ich mir dessen bewußt bin. Er hat somit den Wert eines Amuletts oder eines Talismans, da er eine „Botschaft" enthält, die vom Gemüt aufgenommen wird.

Man hat erkannt, daß die Lebenskraft im Körper durch feinstoffliche Kanäle fließt. An bestimmten Fingern getragene Metalle und Edelsteine haben eine Strahlungs-Wirkung auf die entsprechenden Körperstellen bzw. Kanäle. Denke daran: Gold wärmt und dehnt aus – Silber kühlt und zieht zusammen. Zum Beispiel können Hämorrhoiden durch das Tragen eines Silberrings am kleinen Finger gebessert werden, (natürlich ist es in diesem Falle genau so nützlich, sich von Spannungen zu befreien und die Ernährung zu verbessern, um eine regelmäßige Verdauung zu erreichen). Wann immer der Einfluß von

Einfluß von Metallen über Kraftlinien

Daumen	Horizontale und vertikale Reflex-Pole zum Kopf, durch tiefe Massage oder Metallanwendung		
Zeigefinger	Brust und Luft	Gold zum Anregen	Silber zum Kühlen
Mittelfinger	Feuer, Unterleibsbereich	Gold zum Anregen	Silber zum Kühlen
Ring-Finger	Beckengegend und Zeugungsorgane	Gold zum Anregen	Silber zum Kühlen
Kleiner Finger	Rektalbereich (Mastdarm)	Gold zum Anregen	Silber zum Kühlen

Edelsteinen und Metallen nötig ist, kann man Verbesserungen feststellen, wenn man den richtigen Ring am richtigen Finger trägt. Dies alles ist nur eine Ergänzung zur Ernährung, zur Einstellung und zum Bewußtsein. Edelsteine und Metalle können diese wichtigen Erfordernisse nicht ersetzen.

Die anderen Metalle werden manchmal gemäß astrologischen Berechnungen benutzt, um günstige Wirkungen zu erzielen. Um den Einfluß der Metalle auf die in den Fingern beginnenden Kraftlinien zu nützen, genügt ein einfacher Ring ohne Stein. Siehe Tabelle Seite 113 . Um beide Einflüsse von Metall und Edelstein zu kombinieren, muß der Edelstein mit dem erforderlichen Metall gefaßt werden. Es sei nochmals darauf hingewiesen, daß die Farbwirkung der Edelsteine nicht immer den Farben entspricht, die das bloße Auge sieht. Die abgegebenen Strahlungen entsprechen den Farben, die durch ein Prisma gesehen werden, sie sind die *kosmischen Farben* des Edelsteins.

Ayurvedische Empfehlungen: Auswahl der Edelsteine nach astrologischen Berechnungen

Dies ist eine besondere Methode. Durch das Studium des individuellen Horoskops werden die zu schwachen Planeteneinflüsse berechnet. Man ermittelt, wieviele Ionen eines planetarischen Einflusses zur Erlangung von Gesundheit und Ausgewogenheit fehlen, und da die Ionenzahl eines Edelsteins mit dem Karatgewicht zusammenhängt, kann man bestimmen, welcher Edelstein und welches Gewicht für die Behandlung notwendig sind. Ein alter Text sagt über den Mangel der Planetenwirkung folgendes aus:

Sonne – Eine schwache Sonne kann Blutarmut bewirken. Daher könnte ein Rubin den Sonnen-Einfluß auf den menschlichen Organismus verbessern. Andere Symptome eines geschwächten Sonnen-Einflusses sind Schwierigkeiten mit den Augen, Verdauungsschwäche und Abmagerung.

Mond – Ein schwacher Mond, besonders bei Saturn-Aspekt, soll zu mentaler Labilität beitragen. Eine Perlenstrahlung oder die Farbe Orange wäre günstig zur Stärkung des Mond-Einflusses auf den Organismus. Andere Symptome eines schwachen Mond-Einflusses sind Diabetes, Blasen-Krankheiten, Mangel an Mut, unschickliches Benehmen und Unsicherheit im Umgang mit der Umgebung.

Mars – Bei schwachem Mars-Einfluß wird empfohlen, Korallen zu tragen. Er äußert sich in Leber-Störungen, unreinem Blut, hohem Blutdruck, Hämorrhoiden, Schwierigkeiten beim Wasserlassen, Gelenk-Erkrankungen, Ungeduld, Trägheit und mentaler Depression.

Merkur – Smaragd wird bei schwachem Merkur-Einfluß empfohlen. Dieser äußert sich in Magenverstimmungen, Appetitlosigkeit, Verdauungsschwäche, Mangel an Unterscheidungsvermögen, Unsicherheit, kindischem Benehmen (von Erwachsenen) und Unwahrhaftigkeit.

Jupiter – Um den schwachen Jupiter-Einfluß zu unterstützen, wird entweder Topas oder Mondstein empfohlen. Schwacher Jupiter-Einfluß soll mentale Probleme zur Folge haben, Hals- und Leberstörungen, Aufgedunsenheit, Fettleibigkeit, Tumore, Geiz, Hang zum Prozessieren, Angst vor Ansteckung und einen Hang zur Selbstüberschätzung.

Venus – Diamant (oder Zirkon, wenn der Diamant zu kostspielig ist) soll einen schwachen Venus-Einfluß verstärken. Bei schwachem Venus-Einfluß besteht eine Neigung zu Diabetes, Störungen an der Gebärmutter und den männlichen Sexualorganen, vorzeitigem Altern, Trägheit und Verblendung.

Saturn – Saphir gleicht einen schwachen Saturn-Einfluß aus. Dieser zeigt sich in Neuralgien, Zittern der Hände, der Füße und des Körpers, Nerven-Krankheiten, Gelenkschmerzen, Hysterie, mentalen Problemen und unschicklichem Benehmen.

Mondknoten – In der indischen Astrologie wird dem zu schwachen Einfluß der Mondknoten (die Schnittpunkte der Mondbahn mit der Ekliptik; den Punkt, an dem der Mond von der Südseite zur Nordseite der Ekliptik überwechselt, nennt man den aufsteigenden, den anderen den absteigenden Knoten) große Bedeutung zugemessen. Wenn der Organismus durch dieses Phänomen des Mondes zu gering beeinflußt wird, besteht die Neigung zu Rheumatismus, Selbstmordabsichten, unbegründeten Ängsten, Hirn-, Drüsen- und Gebärmuttererkrankungen, Asthma und Infektionen. Onyx und Katzenauge werden empfohlen.

Es sei bemerkt, daß Koralle und Perlen keine Edelsteine im eigentlichen Sinne sind, da sie nicht unter Hitze-Einwirkung im Planeten entstanden sind. Sie werden jedoch von Juwelieren und jenen, die sich mit dem harmonisierenden Einfluß der kosmischen Strahlung befassen, wie Edelsteine angesehen. In Indien wird empfohlen, den gelben Saphir wegen seines kühlenden Einflusses auf das Nervensystem am Zeigefinger zu tragen, wenn man aktiv mit der Kundalinikraft arbeitet. Zweifellos kann ein heilender Einfluß beim Tragen von Edelsteinen allein schon durch Autosuggestion erfolgen. Man „glaubt", und damit wird der mentale Anstoß auf den Organismus übertragen und so Gleichgewicht und Heilung bewirkt.

In einigen astrologischen Abhandlungen wird großer Wert darauf gelegt, gewisse Edelsteine an bestimmten Fingern zu tragen, und zwar an speziell vorgeschriebenen Tagen des Monats bzw. in bestimmten Monaten des Jahres. Zum Beispiel soll ein zu Heilzwecken verwendeter Edelstein bei zunehmendem Mond getragen werden, vor allem Perlen (Mond-Einfluß). Einige empfehlen das Singen von Mantras (eingestimmt auf die planetarische Intelligenz, die die Energie des Planeten überwacht). Das bezieht sich nicht auf die gegenwärtige Intelligenz des Planeten, sondern auf denjenigen Aspekt der universalen Intelligenz, der sich als diese Energie-Frequenz ausdrückt. Für bestimmte Zwecke sollen bestimmte Ringe von einem Menschen mit hohem, klarem Bewußtsein bei günstigem Planetenstand angefertigt werden. Auf diese Weise erhält der Ring oder Talisman einen machtvollen Zustrom an Energien.

Andere erwähnenswerte Einzelheiten

Manche Yogis empfehlen, sich zur Meditation auf eine Wolldecke zu setzen, um den Körper von den magnetischen Strömungen der Erde zu isolieren. So können während der Meditation Energien leichter entlang der Wirbelsäule hochgezogen und im Körper gehalten werden. Manche hüllen sich in eine Wolldecke ein. Seide ist zu diesem Zweck ebenfalls ideal, und manche Okkultisten (die mit feineren Kräften arbeiten), tragen seidene Gewänder und benutzen seidene Bettücher.

Schlafen mit dem Kopf nach Norden veranlaßt die Energien im Körper, sich nach oben zu bewegen, was sich besonders auch beim „Übergang" erleichternd auswirken soll. Schlafen mit dem Kopf nach Süden zieht die Energieströme im Körper abwärts (gegen Norden) und steigert die Gesundheit und gute Funktionen. Mit dem Kopf gegen Westen zu schlafen, bewirkt einen traumreichen, gegen Osten – einen meditativen Schlaf.

Manche Leser haben sicher schon Yoga-Lehrer gesehen, die eine Perlenkette tragen, die Rudrashka genannt wird. Diese Perlen sind Samen einer Frucht und sollen eine heilende Ausstrahlung auf Lunge und Herz haben. Sie bewahren auch die feineren Energien (shakti), die durch Yoga-Übungen und Meditation aufgenommen werden.

Es ist nicht unsere Absicht, das Vertrauen auf äußere Hilfsmittel zu bestärken. Wir erforschen lediglich die Eigenschaften der Energien, wie sie sich in der Natur manifestieren, und versuchen, ihren Einfluß zu verstehen. Wenn wir sie verwerten können, um so besser. Sri Yukteswar sagte einmal: „Ein weiser Mensch ruht im Unendlichen und macht weisen Gebrauch von jedem Naturgesetz, das zu seinem Wohlergehen beitragen kann." Wir sind mit bestimmten unterbewußten Eigenschaften (karmische Muster) geboren, und wir wurden bei der Geburt von Energieströmen aus der Natur beeinflußt. Wir sind jedoch nicht unser Leben lang den im Moment der körperlichen Geburt herrschenden Einflüssen schicksalhaft ausgeliefert. Durch Selbsterkenntnis, richtige mentale Einstellung, Gebet und Meditation, Ernährung und alles Sinnvolle, zu dem wir geführt werden, können wir negative Tendenzen neutralisieren und lernen, bewußt in Harmonie mit der Natur zu leben.

Ein Wort über Edelsteine und Fassungen

Wenn ein sehr teurer Edelstein empfohlen wird, kann man einen weniger kostspieligen Stein mit der gleichen kosmischen Strahlungseigenschaft tragen, so daß der Preis das Experimentieren nicht verhindert. Rubine und Saphire gibt es – rund geschliffen – in großer Auswahl; sie kosten dann weniger als mit Brillant-Schliff. Topas sollte auf seine Echtheit geprüft werden, damit er nicht mit Rauchquarz verwechselt wird (sie sehen oft ähnlich aus, doch sind die Kristallstruktur und die Preise verschieden).

Der Edelstein sollte eine offene Fassung bekommen, damit er die Haut berührt, und während des Experiments immer getragen werden, also auch in der Nacht. Edelsteine können auch – wie es oft geschieht – aus psychologischen Gründen getragen werden. Dabei sollen Stein und Fassung für das Auge angenehm sein und uns beim Tragen Freude machen.

„Ich bin ein Leben-schenkender Geist, und ich kooperiere mit allen kosmischen Kräften."

Wie Du Dir selbst und andern helfen kannst

Wie helfen wir anderen Menschen, die in Not sind? Wieviel Verantwortung haben wir anderen gegenüber? Wie weit sind diese selbst für ihre Vervollkommnung und Heilung verantwortlich? Darüber einige Richtlinien und praktische Vorschläge:

Ich kenne keinen Heiler, auch keinen geistigen Heiler, der imstande ist, jeden zu heilen. Manche Heiler betonen sogar, daß es nicht ihre Aufgabe ist, jeden Menschen zu heilen. Warum kann ein Heiler nicht jeden Patienten heilen?

Auf der irdischen Ebene sind wir oft begrenzt, wenn wir Diät, Psychotherapie und medizinische Methoden anwenden, weil wir entweder nicht zur tieferen Ursache des Problems vordringen können oder der Patient aus irgendwelchen Gründen die Ursache des Problems nicht bereinigen kann. Bei der geistigen Heilweise gibt der Heiler, der wahre Einsicht besitzt, gelegentliche Ermutigungen und fordert den Patienten auf, aus seinem eigenen Innern heraus zu arbeiten, um Meisterschaft über sich selbst zu erlangen. Ein geistiger Heiler kennt immer die Wahrheit über den Patienten (daß er göttlichen Ursprungs ist). Dennoch wird er nicht immer die bestimmte Lebenskonzeption des Patienten verändern wollen.

Ich saß einmal mit Satya Sai Baba zusammen, während dieser einige Schüler beriet, die von weither angereist waren. Ein junger Mann überreichte Baba einen Briefumschlag mit einem Brief und einem Foto seiner Frau. Sie war an Krebs erkrankt und lag im Krankenhaus. Baba hielt den Umschlag eine Weile in der Hand und schaute in die Ferne, als ob er auf ein inneres Zeichen wartete. Dann sagte er: „Ich werde mich der Sache annehmen." Wenn er so etwas sagt, setzt die Heilung ein, ganz gleich wo der Patient sich befindet. Später, als er sich von der Gruppe verabschiedete, materialisierte Baba Ringe und persönliche Gegenstände für alle Anwesenden, außer für den jungen Mann, der für seine Frau um Hilfe gebeten hatte. Als der junge Mann auch seine Hand ausstreckte, legte Baba ihm seine Hand auf die Schulter und flüsterte: „Ich habe Dir schon Deine Frau zurück gegeben.“

Es werden jedoch nicht alle, die um Heilung bitten, sogleich geheilt, nur weil sie Satya Sai Baba darum bitten. Er betrachtet ihre karmische Situation und das Bedürfnis nach Seelenentfaltung und bewirkt dann das, was für den Einzelnen jeweils am besten ist. Seine Liebe, Fürsorge und Ermutigung sind immer spürbar.

Wer die Richtlinien diese Buches befolgt, wird lernen, Körper und Gemüt zu läutern und schlummernde Seelenkräfte zu erwecken, wodurch Heilung automatisch eintritt. Manchmal scheinen wir jedoch äußere Hilfe zu benötigen, und auch diese Unterstützung kann uns gegeben werden. Laßt uns nun einige dahin führende Wege betrachten.

Erziehung und positives Tun – Viele Menschen nehmen sich nicht die Zeit, nützliche Kenntnisse zu erwerben oder sie anzuwenden, obwohl sie über solche verfügen. Sie erwarten, daß andere diese Arbeit für sie tun, was sicher nicht der Weg zu Wachstum und Freiheit ist. Wir können von anderen Unterstützung bekommen, aber wir sind selbst verantwortlich zu lernen, ein Leben in Harmonie zu führen. Ich werde oft um Fürbitte gebeten und ich tue es; aber ich versuche auch, den Notleidenden zu belehren und ihn zu begeistern, sich selbst zu helfen. Andernfalls unterstützen wir nur Schwäche und Abhängigkeit des Hilfesuchenden. Wenn wir im Bewußtsein, im Denken und Fühlen geläutert sind, und der Körper vollständig gereinigt und richtig ernährt ist, können wir weder krank noch in schlimmen Verhältnissen sein. Sind alle Kanäle geöffnet, dann lenkt die eingeborene Intelligenz die Lebensströme und ordnet die persönlichen Angelegenheiten in uns, durch uns und um uns. Das ist die schlichte Wahrheit. Laßt uns daher die Grundlagen beachten!

Selbstheilung – Wenn wir uns richtig ernähren und dennoch weiterhin körperlich krank sind, kann das eigentliche Problem im Gemüt oder in der Körpermechanik liegen. Wenn wir von Groll, Schuld oder unterdrückten Emotionen angefüllt oder durch sonstige Lebensumstände frustriert sind, können wir dadurch körperlich krank werden. Wenn wir zwar richtig essen, denken und fühlen, der Körper sich aber nicht im Gleichgewicht befindet, brauchen wir gegebenenfalls physikalische Therapie wie Chiropraktik, Reflexzonentherapie oder andere geeignete Methoden. Emotionale Verspannungen oder ein negatives Selbstbild können die Ursache sein. Möglicherweise fehlt es an Lebenswillen oder man genießt es, aus welchem Grund auch immer, entweder krank oder lebensuntüchtig zu sein. Vielleicht begnügen wir uns in unserem menschlichen Bewußtsein mit dem Irrglauben, daß Krankheit und Probleme natürlich seien: „So ist das Leben eben."

Wir können nötigenfalls die Schöpferische Imagination anwenden, um uns so zu *sehen* und zu *fühlen*, wie wir das Recht haben zu sein, um so dem inneren Bild zum äußeren Ausdruck zu verhelfen. Die Schritte auf diesem Weg sind leicht: (1) *Nach* der Meditation bleiben wir entspannt und offen, in dem Bewußtsein, daß der Kraft, die das Universum lenkt, alles möglich ist. (2) Wir stellen uns die Situation so vor (bei einer körperlichen Schwierigkeit oder einem Problem der Lebensumstände), als ob sie bereits geklärt wäre. (3) Wir halten an dem erwünschten neuen Bilde fest, indem wir es in allen Variationen der Wirklichkeit *sehen* und *fühlen* – hier und jetzt. (4) Wir gelangen durch diese Übung in ein neues Bewußtsein, neues Fühlen und eine neue Einstellung. Wie die Nacht dem Tag folgt, muß sich diese innere Arbeit gemäß dem stabilisierten Muster in Gemüt und Bewußtsein auch im Äußeren niederschlagen.

Am wirksamsten ist es, *unbeschwert* zu arbeiten, so als wäre das, was wir zu tun haben, die natürlichste Sache der Welt. Der Gedanke an Anstrengung läßt die Lage schwierig scheinen. Ein schwieriges Problem kann aber nur selten überwunden werden, wenn die Anforderung riesengroß zu sein scheint. Wir brauchen lediglich die Umgebung vorzubereiten, damit die Kraft, die das Universum lenkt, in sie einfließen und ihr Werk tun kann. Mir sind Heilungen bekannt, die sich ereigneten, nachdem der Kranke einfach meditiert und innerlich akzeptiert hatte: „Ich bin ein strahlendes, leuchtendes Wesen. Ich bin frei, gesund und mit meiner Welt in Harmonie."

Wie man für andere betet – Früher oder später wird an uns alle die Bitte um Gebetshilfe herangetragen. Was sollen wir in diesem Fall tun? Das richtet sich immer danach, was von dem Hilfesuchenden als natürlich empfunden wird. Auch wir arbeiten dabei am besten in der für uns natürlichsten Weise. Der eine Heiler kann ganz einfach zu Gott beten und ihn bitten, die Heilung zu vollziehen. Wir können aber auch in schlichtem, absolutem Vertrauen für andere beten, und es wird ihnen geholfen werden. Denken wir an die Worte Jesu: „Alles, was ihr bittet in eurem Gebet, glaubet nur, daß ihr's empfangen werdet, so wird's euch werden." (Markus 11:24) Das ist die von allen Geheimnissen entschleierte Wahrheit: *Bete, glaube* und *akzeptiere*. Was haben wir falsch gemacht, wenn wir beten, und es geschieht nichts? Wir haben entweder nicht wirklich geglaubt oder zwar in guter Absicht aber unwissentlich versucht, in ein Gebiet einzudringen, in das wir uns besser nicht hätten wagen sollen. Oft sind wesentlich feinstofflichere Kräfte für das Wohl eines Menschen oder einer Situation am Werk, und wenn wir auf unserer Einmischung oder Manipulation bestehen, stimmen wir mit diesen Kräften nicht überein. Hier ist Unterscheidungsvermögen wichtig. Wir können zwar grundsätzlich bestrebt sein, Heilung zu erreichen; wir müssen aber auch lernen, geduldig zu bleiben, wenn dem Patienten offenbar etwas anderes bestimmt ist.

Wenn wir für andere beten, müssen wir *unser eigenes Gemüt und Bewußtsein von dem Glauben an Begrenzungen befreien*. Die Begrenzung verschwindet durch die Überzeugung, daß sie nicht existiert. Das ist ein wichtiger metaphysischer Grundsatz. Wenn wir an der Überzeugung festhalten, ein Mensch habe ein Problem, begrenzen wir ihn. Wenn wir nach einer Fürbitte sagen: „Ich habe es mit einem Alkoholiker (oder einem Hypochonder, einem Krebskranken usw.)" zu tun, haben wir in unserem Innern tatsächlich nichts für diesen Menschen getan. Wenn wir versuchen, Gesundheit, Freiheit und Wohlstand zu sehen und zugleich an Krankheit, Armut und Begrenzung glauben, leisten wir unsere Aufgabe nicht richtig. Wir spielen dann mit den mentalen Gesetzen, anstatt in einem klaren Bewußtseinszustand zu handeln.

Wir schließen einen Menschen in unsere Meditation mit ein und bleiben im Schweigen mit Gott, bis uns ein Gefühl der Erleichterung und Zufriedenheit erfüllt. Das ist das Zeichen, daß die innere Arbeit getan ist. Die äußeren Ergebnisse können sofort oder erst allmählich sichtbar werden, doch die Arbeit wurde in jedem Falle in dem Augenblick getan, in dem wir zur inneren Erfahrung der Befreiung durchgedrungen sind.

Wir können den zur Zusammenarbeit bereitwilligen Menschen lehren, wie sie sich selbst heilen können. Ich finde es weise, auf beiden Ebenen tätig zu sein: Für andere zu arbeiten und sie gleichzeitig zur Selbsthilfe zu ermutigen.

Man nimmt an, daß gewisse psychische Eigenschaften zu besimmten körperlichen Leiden führen. Marc Aurel hat schon vor fast 2000 Jahren darauf hingewiesen, daß fröhliche Frauen weniger zu Krebs neigen als depressive. Dr. Eugene P. Pendergrass, früherer Präsident der amerikanischen Krebs-Liga, sagte 1959 in seiner Jahresansprache: „Indem wir bei der Erforschung des Zellwachstums und dessen Abhängigkeit von Einflüssen des Organismus neue Wege gehen, ist es meine aufrichtige Hoffnung, daß im Gemüt des Menschen eine Macht fähig ist, Kräfte zu mobilisieren, den Krankheitsprozeß abzuschwächen.“ 1974 sagte Dr. Carl Simonton in einem Vortrag an der Universität von Florida: „Es gibt über 200 Artikel in der medizinischen Literatur, die auf verschiedene Aspekte der Beziehung von Emotionen und Streß zu bösartigem Wachstum und anderen gravierenden Krankheiten hinweisen. Das Interessante an dieser Literatur ist die in all diesen Artikeln geäußerte gemeinsame Schlußfolgerung, daß zwischen beiden Faktoren ein ursächlicher Zusammenhang besteht. Meines Wissens kam niemand zu einem gegenteiligen Ergebnis. Fraglich sind lediglich der Grad der Bedeutung und wie man darauf Einfluß nehmen kann, nicht aber ob Emotionen überhaupt ein Faktor sind." Einige der Krebs besonders fördernden psychischen Faktoren sind: (1) Die Neigung, an Groll festzuhalten, und die Unfähigkeit zu vergeben. (2) Die Neigung zu Selbstmitleid. (3) Die Unfähigkeit, eine menschliche Beziehung zu pflegen und aufrechtzuerhalten. (4) Ein sehr geringes Selbstwertgefühl. Einer der grundlegenden Faktoren ist das Gefühl der Zurückweisung, ungeliebt oder unerwünscht zu sein, das oft in der Kindheit entstanden ist. In Japan beraten Lehrer der religiösen Organisation Seicho-No-Ie ihre Mitglieder. Sie haben festgestellt, daß die Beseitigung von Persönlichkeitsmängeln zur Heilung von körperlichen Krankheiten führte. Frauen mit Unterleibserkrankungen hegen häufig Groll gegen ihren Partner oder haben Schuldgefühle bezüglich sexueller Beziehungen. Ferner wissen wir, daß es gewisse psychische Charakteristika bei Neigung zu Herzkrankheiten, mentalen Störungen oder anderen körperlichen Krankheiten gibt. Mental-emotionale Verhaltensweisen beeinflussen die Körperchemie und können Gesundheit oder Krankheit bewirken.

Wer aus seiner Mitte heraus in Übereinstimmung mit den Naturkräften lebt und die einfachen Regeln befolgt, die körperliche, mentale und emotionale Gesundheit garantieren, dürfte wenig Grund haben, Hilfe für irgendeine Heilung zu suchen. Laßt uns eingedenk sein:

„Ich bin ein Leben-schenkender Geist, geschaffen nach dem Bilde und Wesen Gottes. Ich lebe im Gewahrsein meines wahren Wesens. Wer mich um Hilfe bittet, erhält sie augenblicklich und ohne Vorbehalt oder Begrenzung."

Wert und Sinn des menschlichen Lebens

Es wäre unkorrekt von uns zu behaupten, daß Gesundheit und ein langes Leben ohne wahres geistiges Verständnis unnütz sei. Es wäre jedoch schade für jemanden mit dem Wunsch und der Fähigkeit zur Erleuchtung, in dieser Inkarnation darauf zu verzichten. Es gibt jedoch viele, die dazu bestimmt sind, das menschliche Drama durchzuspielen, um den Strom der Evolution im Fluß zu halten. Gewiß wäre die Welt harmonischer, wenn mehr erleuchtete Menschen darin lebten. Aber Gesundheit und besseres Funktionieren für die meisten Menschen bedeutet auch schon Segen für die Welt.

Gesunde Menschen bekämpfen oder schädigen weder einander noch ihre Umgebung. Gesunde Menschen leben in Übereinstimmung mit den Naturgesetzen und widmen ihre Kräfte und Talente der Verbesserung der Weltbedingungen und dem Wohlergehen ihrer Mitmenschen. Dies kommt dem Lebensprozeß zugute. Ein langes, richtig gelebtes Leben gibt in hohem Maße Gelegenheit zum Dienen. Auch kurzdauernde Inkarnationen können der Menschheit in besonderer Weise dienen. Dies hängt davon ab, was wir mit unserer Zeit, unseren Talenten und unseren Kräften anfangen; denn nur darauf kommt es im Leben wirklich an. Wie weise *verwenden* wir unsere Zeit, unsere Talente und unsere Kräfte? Wie weise gebrauchen wir unsere intellektuellen Fähigkeiten? Wenn wir in Übereinstimmung mit den Naturgesetzen leben und unseren Beitrag unseren Fähigkeiten entsprechend leisten, kann niemand mehr von uns verlangen.

Man muß nicht im Licht der Öffentlichkeit stehen, um dem Leben zu dienen. Eltern, die auf die Erziehung und das Wohlergehen ihrer Kinder bedacht sind, leisten ihren Anteil. Ein Mensch, der zur Ordnung und Harmonie in seiner Gemeinschaft beiträgt, tut etwas Wertvolles. Alle, die im Dienst der menschlichen Familie stehen, tun ihr Bestes. Ein stilles Leben ist ebenso wichtig und nützlich wie eines, das in den Augen der Öffentlichkeit dramatischer wirkt.

Wesentlich scheint mir, daß wir nicht in einem zwar bequemen, aber unproduktiven und unnützen mental - emotionalen Zustand der Selbstgefälligkeit beharren. Es gibt keine Gründe, die einen mit gesundem Menschenverstand Begabten einschränken oder von der Erfüllung seiner Bestimmung abhalten könnten. Die schwache Entschuldigung: „Ich hätte es getan, wenn nur die anderen mich gelassen hätten“, hat in der heutigen Zeit einfach keine Gültigkeit mehr, weil wir das Wissen und die Fähigkeit haben, Entscheidungen zu treffen und uns schöpferisch in den Strom bewußten Lebens einzuschalten. Wenn eine Ausbildung erforderlich ist, kann man sie sich aneignen. Geschicklichkeit kann man entwickeln; ist Mut erforderlich, kann man lernen, seine Selbsteinschätzung zu ändern und vertrauensvoll die Welt zu betrachten. Wenn man gesund und von guten Absichten durchdrungen ist, kann der Erfüllung der Bestimmung nichts im Wege stehen.

Wirklich wünschenswert ist Ausgeglichenheit, gepaart mit gesundem Menschenverstand und dem Willen, verantwortungsvoll zu leben. Wir können entscheiden, was für uns wichtig ist, und damit beginnen. Wir können entscheiden, wieviel Zeit wir Freunden und Bekannten widmen, wieviel Zeit wir für Heim und Familie und wieviel für Studium und Meditation aufbringen wollen. Wer „keine Zeit“ für wichtige Dinge hat, kann nicht richtig einteilen und ist nicht entschlußfähig. Wenn wir den Bedürfnissen unseres Körpers keine Zeit einräumen, müssen wir mit Sicherheit eines Tages den Preis in Form von Krankheit bezahlen. Wenn wir uns keine Zeit für kreatives Streben nehmen, werden wir an den großen Gelegenheiten des Lebens vorbeigehen. Wenn wir uns für ruhige Reflexion und Betrachtung der wahren Lebenswerte keine Zeit nehmen, „vegetieren“ wir nur.

Ich kenne eine Frau, die ihre ganze Zeit und Energie dafür einsetzte, ihren Gatten und ihren Sohn zu umsorgen und zu verköstigen. Sie hatte von beiden Besitz ergriffen und infolgedessen keine Zeit mehr übrig für die Entfaltung ihrer eigenen schöpferischen Talente. Heute wird ihr Mann vollständig von seiner Arbeit und einer anderen Frau beansprucht, und ihr Sohn ist drogensüchtig. Jetzt ist sie natürlich verzweifelt. Doch wer ist schuld daran, daß sie vereinsamt und verbittert ist?

Ich kenne einen Mann, der unglücklich ist, weil er nicht das tun kann, was er wirklich gerne tun möchte. Er hat eine einträgliche Anstellung und wohnt mit seiner Familie in einer netten Gemeinschaft. Wegen der „sicheren Stellung" begnügt er sich mit dem was er hat, statt der Mensch zu werden, der er sein könnte, wenn er es nur versuchen würde.

Es gibt Geistliche, die Angst haben, die erkannte Wahrheit auszusprechen, aus Furcht, von der Gemeinde „kaltgestellt" zu werden; Verkäufer, die wegen des guten Verdienstes ein Produkt verkaufen, das überhaupt nicht benötigt wird; Berufstätige, die eine erlernte Tätigkeit nur deshalb ausüben, weil ihre Eltern oder andere Autoritätspersonen eine entsprechende Ausbildung beschlossen haben; und natürlich viele andere, die sich treiben lassen, weil sie mit sich selbst nichts anzufangen wissen.

Was sollen wir aus unserem Leben machen? Was ist der Sinn unseres Daseins? Wer weiß es? Ja, einige wissen es. Wir sind hier in dieser Welt, weil der Weltprozeß und die ewige Fortdauer dieses Prozesses ein Ausdruck der Natur sind. Wir sind hier, um in vollem Umfang unsere angeborene Intelligenz und Talente zum Ausdruck zu bringen. Auf diese Weise leisten wir nicht nur einen Beitrag zu diesem Weltprozeß, sondern wir entfalten uns, lernen und erwachen dabei.

Sich an die Welt zu binden, bedeutet äußere Verhaftung, von der Welt zurückgewiesen zu werden, bedeutet innere Verhaftung. Wir können in der Welt unbeschwert leben, indem wir mit fröhlichem Herzen unser Bestes tun und frei genug sind, die Welt zu verlassen, wenn die Zeit gekommen ist, – und sie kommt für jeden von uns. Es hat keinen Sinn, unglücklich zu sein, weil uns die Spielregeln nicht gefallen. Das beste ist, das Spiel mit seinen Regeln zu erlernen und innerlich frei zu sein, während wir äußerlich in Beziehungen engagiert sind. Das gehört zum wichtigsten: Beziehungen zu unterhalten und dennoch darin frei zu sein. Natürlich muß man reif und selbstverwirklicht sein, um Beziehungen zu Menschen und Dingen ohne psychische Probleme genießen zu können. Das ist das Ideal, das wir anstreben, und es ist zu verwirklichen.

Wenn wir „sauer" sind gegenüber anderen oder gegenüber der Welt im allgemeinen, liegt das Problem zweifellos in uns und nicht außerhalb von uns. Es ist oft erstaunlich, wie sich unsere Lebenseinstellung verbessert, wenn wir gesund, von einer positiven Einstellung erfüllt und in eine nützliche, schöpferische Tätigkeit engagiert sind. Manche Kinder, die verwirrt, furchtsam, widerwillig und aufsässig sind, brauchen lediglich eine vernünftige Ernährung. Manchmal brauchen sie nur ermutigt zu werden, sich selbst schöpferisch auszudrücken. Auch dürfen sie nicht ständig durch die Eltern kontrolliert und beherrscht werden, nur weil diese versuchen, ihr Leben durch das des Kindes zu leben. Manchmal brauchen wir einfach eine Abwechslung oder Ferien.

Wir sind von unserer Umgebung beeinflußt, und umgekehrt. In welchem Maße und mit welcher Qualität beeinflussen wir unsere Umgebung, wenn wir der Mensch sind, der wir wirklich sein können? Welchen schweigenden Einfluß üben wir auf andere durch unsere Einstellung, unsere Gedanken und unseren Bewußtseinszustand aus? Einstellung, Gedanken und der Zustand unseres Bewußtseins sind von wesentlich größerem Einfluß, als die Hektik äußerer Anstrengungen, denen es an ruhiger bedachter Überlegung fehlt.

Große Lehrer unterweisen uns, daß wir die Verantwortung haben (nicht nur die Gelegenheit, sondern die *Verantwortung*), etwas Nützliches in unserer Welt zu tun. Wir empfangen die Lebenskraft der Natur für unseren Organismus, wir werden mit Nahrung und allen angenehmen Dingen versorgt und leiden keinerlei Mangel mehr. Deshalb sind wir verpflichtet, in dem entsprechenden Maße zu dienen. Das ist ein Naturgesetz. Ich meine hier nicht irgendetwas, das uns keine Mühe kostet, sondern betone, daß wir dem Leben alles geben, was in unserer Kraft steht. Solch richtiges Geben macht nicht arm, es bereichert. Wenn jemand wegen seines Beitrages an das Leben in Armut gerät, wenn er schwach und krank wird oder in irgendeiner Weise die Fähigkeit zu einem erfüllten Leben verliert, dann hat er es falsch gemacht. Wir können aus der Fülle geben. Wir können so strahlend gesund sein, daß von uns nährende Lebenskräfte in unsere Umgebung strömen. Wir können mental und emotional so klar sein, daß das Licht der Seele ohne Behinderung strahlen kann. Wir können so schöpferisch sein (was wahre Fülle bedeutet), daß unser einzigartiger Beitrag uns segnet ebenso wie alle, die durch unsere Absichten und Bemühungen gesegnet sind.

Wer (was) bewirkt dies alles? Das Leben hinter der Erscheinungswelt erhält die Welt und alles in der Welt. Das Leben, das die einzige Wirklichkeit ist, strömt in die Fülle der Erscheinungen aus wahrlich unerschöpflicher Quelle. Sind die Pforten der Wahrnehmung einmal gereinigt, geschieht der Zustrom unbegrenzt und wir betrachten die Welt vom Blickpunkt des Leben-schenkenden Geistes. Laßt uns erkennen:

„Ja, ich bin ein Leben-schenkender Geist und erblicke das Leben von der Quelle her, weil dieses, mein Leben, Wert und Sinn hat, und die göttliche Wirklichkeit meine Welt durch mich segnet.“

Worterklärungen

von Dr. phil. habil. Hans Endres

Die „Babylonische Sprachverwirrung“ ist kein einmaliges geschichtliches bzw. mythisches Ereignis, sondern das ständige unvermeidliche Schicksal aller sprachlichen Verständigungsversuche. Jede begriffliche Formulierung ist mißverständlich, weil Menschen zwar die gleichen Worte benützen, darunter aber etwas ganz anderes, ja oft sogar Gegensätzliches verstehen können gemäß ihrer verschiedenartigen Lebenserfahrung und Bewußtseinsentwicklung. Nur Kinder und Liebende, Meditierende und Erleuchtete können sich unmittelbar ohne Worte verstehen. Solange wir aber miteinander sprechen müssen, ist daher immer zuerst abzuklären, was wir mit den gebrauchten Ausdrücken jeweils wirklich meinen. Wenn wir gar in einem Buch lesen, also nicht einmal direkt beim Autor rückfragen können, ist eine solche Erläuterung der wichtigsten bzw. am häufigsten mißverstandenen Wörter um so notwendiger, – und das erst recht bei einer Übersetzung, die ohnehin unzulänglich bleiben muß, weil es in jeder Sprache Ausdrücke und Redewendungen gibt, die nur dieser Sprache eigentümlich sind und daher nur annähernd sinngemäß übersetzt werden können.

Die nachfolgenden Worterklärungen erheben keinerlei Anspruch auf Vollständigkeit oder Allgemeingültigkeit, sondern sollen nur nochmals verdeutlichen, welche Bedeutung der Autor den genannten Ausdrücken gibt. (Diese werden in alphabetischer Reihenfolge besprochen)

Analyse, analytisch: Die Methode, durch Aufspaltung bzw. Auflösung einer Ganzheit in immer zahlreichere und kleinere Einzelteile Aufschluß über ihre Zusammensetzung zu bekommen. Diese Methode hat sich aber schon in der modernen Naturwissenschaft als unzureichend erwiesen, denn wir wissen heute, daß es überhaupt keine „Zusammensetzung“ von „Teilchen“ geben kann, weil wir es in Wirklichkeit nur mit Energie und Schwingung zu tun haben. Im

Bereich des Lebendigen oder gar Philosophischen ist diese Methode von vornherein unbrauchbar. (Siehe Intellekt)

Avatar: (Buddhistisch „Boddisattwa“, christlich „Heiland“ – Heilsbringer, Erlöser) ist ein Vollendeter, in Gott Eingegangener, der sich freiwillig verkörpert, um als „Übermittler reinen Bewußtseins“ den Menschen beizustehen.

Bewußtsein: Alles ist Bewußtsein, d. h. bewußtes Sein in verschiedensten Bewußtseinsgraden – vom absoluten, für uns unfaßbaren höchsten Bewußtsein und dem universellen, allumfassenden göttlichen Bewußtsein über das kosmische, astrale, planetarische und humane Menschheitsbewußtsein bis zum individuellen Persönlichkeitsbewußtsein des einzelnen Menschen und weiter zum tierischen, planzlichen und mineralischen Bewußtsein bis hinab zum molekularen und elementaren Bewußtsein (von Leibniz „Monade“ genannt). Demnach ist alles, was in Erscheinung tritt, Bewußtsein in fortschreitender Offenbarung, so daß es sich bei geistiger Entwicklung eigentlich nicht um Bewußtseinserweiterung oder Bewußtseinssteigerung handelt, sondern um immer klareres Gewahrwerden der Tatsache, daß „Höchstes Bewußtsein mein Wesen ist“. Und je ungetrübter das gesamte Wollen, Denken, Fühlen und Wirken dieses Wesen widerspiegelt, desto vollkommener ist dessen irdische Erscheinungsform.

Disziplin: Kann verschiedene Bedeutung haben, und zwar: „Zucht, Beherrschung, Zügelung“ oder „Lehrfach, Anwendungsbereich, Teilgebiet“.

Ego: Das persönliche „Schein-Ich“, das unser wahres Selbst verdeckt und so die Täuschung des Getrenntseins, des „Sonderscheins“ (Ekkehard) verursacht.

Einweihung: „Wird immer dann erfahren, wenn wir zu einem größeren Verständnis des Lebens erwachen“ (so sagt man ja auch im gewöhnlichen Sprachgebrauch: Man wird in eine Kunst oder in ein Geheimnis eingeweiht). Es gibt infolgedessen fortschreitende Stufen der

Einweihung, bis das letzte Geheimnis offenbart wurde: „Ich bin ein individualisierter Teil Gottes – ein verkörperter Gottesfunken".

emotional: Gleichbedeutend mit affektiv oder irrational, d. h. gefühlsmäßig bzw. erlebnishaft.

Erscheinungswelt: Die konkrete Schöpfung, die materialisierte Form der Weltseele (siehe Bewußtsein, Geist, Seele, Manifestation).

Erweckung: Gleichbedeutend mit Erleuchtung oder Befreiung (weil wir aus dem bewußtseinsverdunkelnden „Lebenstraum" zum „Licht der Erkenntnis" erwacht sind und dadurch von begrenzenden Irrtümern und Bindungen befreit wurden). Ist das Ziel der menschlichen Entwicklung, gewissermaßen die „geistige Geburt", durch die die mit der körperlichen Geburt eingeleitete Menschwerdung im Bewußtsein vollendet wird.

Essenz: Wörtliche Bedeutung „das Seiende, das Wesen", also der eigentliche Gehalt und die wahre Wirklichkeit einer Substanz oder Idee.

Evolution: Wörtliche Bedeutung „Auswicklung". Der als fortschreitende Entwicklung in Erscheinung tretende Schöpfungsablauf.

Existenz: Das Bestehende, in irgendeiner Form Erscheinende und Erkennbare.

Frequenz: Die Häufigkeit z. B. die Schwingungszahl, bzw. der rhythmische Ablauf irgendeiner Schwingung.

Frustration, frustriert: Gemüts-Verkümmerung aufgrund von Enttäuschung und Zurücksetzung, Freudlosigkeit und Unbefriedigtheit, Einengung und fehlender Entfaltungsmöglichkeit, also insgesamt durch eine menschenunwürdige Existenz. Eine solche kann gerade auch ein Leben in äußerem Luxus und Überfluß ohne inneren Sinn bedeuten, so daß heute mehr denn je das Paulus-Wort gilt: „Was

Individuum, individuell: Wörtliche Bedeutung „das Unteilbare", d. h. die einmalige und einzigartige, unwiederholbare Eigenart in jeder einzelnen Erscheinungsform der göttlichen Substanz.

nützete es dem Menschen, wenn er die ganze Welt gewänne und doch Schaden nähme an seiner Seele."

Geist, geistig: Ist keinesfalls in dem bei uns üblichen Sinne von intellektuell, verstandesmäßig, gedanklich (Geisteswissenschaften, geistige Anstrengung, usw.) zu verstehen, sondern bedeutet „Die eine Gegenwart, eine Macht und eine Substanz in diesem und als dieses manifestierte Universum" ebenso wie das wahre Selbst, denn „Ich bin ein Leben-schenkender Geist".

Gemüt: (Englisch „mind" – also nicht mit „Geist" zu übersetzen) ist im Seelen-Organismus jener zentrale Zwischenbereich zwischen dem Überbewußten und Unbewußten, in dem sich die gesamte mental-emotionale Bewußtseinstätigkeit abspielt, d. h. sowohl die bewußten Gedankenformen als auch die unterbewußten Vorstellungsbilder entstehen. Zwar muß man Denken und Fühlen theoretisch unterscheiden, doch vollzieht sich im praktischen Leben bzw. Erleben beides immer gleichzeitig, so daß es sich eigentlich um „Denkendes Fühlen" oder „Fühlendes Denken" mit jeweils verlagertem Schwerpunkt handelt. Das menschliche Gemüt ist ein Teil des kosmischen Gemüts (siehe Seele). Es verhält sich zum kosmischen oder göttlichen Gemüt wie eine Welle zum Ozean.

Gewahrsein: (Englisch „awareness") ist der durch die Erweckung erlangte Dauerzustand eines Menschen, für den die geistige Wirklichkeit nicht mehr nur einen durch andere vermittelten theoretischen Glaubensinhalt bedeutet, sondern zur eigenen praktischen Erfahrung und selbsterlebten Gewißheit geworden ist.

Imagination, imaginativ: Die bildhafte Vorstellungskraft, durch die Gedachtes erst mit seelischer Energie erfüllt und so in allen Bewußtseinsbereichen wirksam werden kann (das „innere Bild").

Initiative: Innerer Beweggrund oder auslösende Kraft, die sofortiges Handeln bewirkt („Willens-Zündung").

Inkarnation: Verkörperung (Reinkarnation = Wiederverkörperung) der Seele in einem lebendigen Organismus.

Inspiritation, inspirativ: Einer geistigen Offenbarung entspringende und das Denken mit höherem Bewußtsein erfüllende Eingebung (das „innere Wort").

Intellekt, intellektuell: Das sehr begrenzte begriffliche Denkvermögen, das wie ein Computer nur Eingegebenes zu verarbeiten vermag. Der Intellekt kann also Kenntnisse sammeln, nicht aber wesenhafte Erkenntnis gewinnen. Er kann Einzelheiten zusammentragen und ordnen (siehe Analyse), nicht aber zu übergeordneter Gesamtschau und wesentlicher Einsicht führen (siehe Synthese). „Hast Du die Teile in der Hand, fehlt leider nur das geistige Band" (Goethe).

Intelligenz: Die Gesamtleistung des menschlichen Denkvermögens, in dem unterbewußte, bewußte und überbewußte Komponenten enthalten sind, so daß sich Intelligenz von der einfachsten tierischen Instinktverwertung bis zur höchsten menschlichen Fähigkeit intuitiver Kreativität erstreckt.

Intutition, intuitiv: Höchste Erkenntnis durch „liebende Vereinigung" von Erkennendem und Erkanntem, unmittelbare Erfahrung der Wahrheit (die „innere Führung").

Involution: Wörtliche Bedeutung „Einwicklung". Der ursächliche Schöpfungsimpuls, aus dem die ganze Evolution hervorgeht.

Karma: Gleichbedeutend mit Schicksal im Sinne der Gesetzmäßigkeit von Ursache und Wirkung, Saat und Ernte. Der zwingende Ablauf von Kausalreihen in der Naturgesetzlichkeit hat sich jedoch im menschlichen Bewußtsein in das geistige Gesetz der Wechselwirkung von Notwendigkeit und Freiheit gewandelt: So wie wir die Notwendigkeit vergangenen Karmas erkennen und erfüllen, gewinnen wir dadurch zugleich die Freiheit zum Schaffen künftigen Karmas. Vom Karma selbst können wir befreit werden, wenn unser Eigenwille aufgeht in Gottes Wille, weil wir auf dem Wege des Gehorsams („nicht mein, sondern Dein Wille geschehe“) zur erlösenden Erkenntnis gelangt sind: „Der eine Wille geschieht in allem“.

Kontemplation: Wörtliche Bedeutung „innige Betrachtung“. Sich immer intensiver mit etwas verbinden, sich immer tiefer hineinversenken und schließlich ganz darin aufgehen („Identifikation“).

Konzentration: Wörtliche Bedeutung „auf einen Punkt gerichtetes Bewußtsein“. Die Kraft der gesammelten Aufmerksamkeit wirkt psychisch ebenso stark wie physikalisch die Kraft der in einem Brennpunkt gebündelten Lichtstrahlen.

Kreativität: Gleichbedeutend mit Phantasie oder schöpferischem Vermögen, der höchsten menschlichen Intelligenzleistung, die nur im Überbewußten möglich ist und dem Menschen praktisch unbegrenzten Anteil am göttlichen Bewußtsein verleiht (siehe Bewußtsein).

Manifestation: Wörtliche Bedeutung „faßbare Offenbarung, endgültige Festlegung“. Die Welt als greifbarer und sichtbarer Ausdruck des schöpferischen Bewußtsein.

materiell: Gleichbedeutend mit mechanisch oder anorganisch, d. h. körperlich bzw. stofflich.

Meditation: Wörtliche Bedeutung „von der Wesens-Mitte aus den Umkreis (des Bewußtseins) ermessen“. Das gezielte Lenken unserer Aufmerksamkeit auf den reinen Aspekt (Spiegelung) unseres Seins („Grals-Schale“).

mental: Gleichbedeutend mit intellektuell oder rational, d. h. gedanklich bzw. begrifflich.

Metaphysik, metaphysisch: Wörtliche Bedeutung „hinter bzw. über dem Körperlichen", also die Lehre von den wirklichen Ursachen und bewirkenden Energien in allen materiellen Vorgängen und Erscheinungen.

Modelle: Prägende Prinzipien oder Vorbilder, die den Ablauf von Geschehnissen oder Entwicklungen bestimmen.
Es gibt Denkmodelle, auch „Ideen" genannt, die Grundlage aller bewußten Denkprozesse sind, und Erfahrungsmodelle, auch „Engramme" genannt, die sich in allen unterbewußten Reaktionen auswirken.

okkult: Wörtliche Bedeutung „verborgen, geheim", so daß also auch Atomphysik oder Medizin für jeden Nichtakademiker, aber ebenso technische oder handwerkliche Praktiken für jeden Laien „okkult" sind. Die übliche eingeengte Wortbedeutung in bezug auf unerklärliche Vorgänge und ungewöhnliches Verhalten resultiert daher nur aus einem einseitig materialistisch eingestellten Bildungssystem, weshalb dem solchermaßen eingeengten Bewußtsein vieles als „okkult" erscheint, was z. B. für einen Ostasiaten völlig klar und selbstverständlich ist.

Psyche, psychisch: Wörtliche Bedeutung: „Seele", wobei die Griechen diesen Begriff durchaus in dem hier erläuterten Sinne gebrauchten, während heute sowohl im allgemeinen als auch im wissenschaftlichen Sprachgebrauch nicht mehr zwischen Seele und Gemüt unterschieden wird. Der Ausdruck: „Psychosomatische Erkrankung" bedeutet infolgedessen sinngemäß: „Gemütsstörung, die sich auf den körperlichen Organismus auswirkt", (denn die Seele kann ja nicht erkranken).

psycho-somatisch: Hauptsächlich im medizinischen und psychologischen Bereich gebrauchter Ausdruck für die körperlichen Erscheinungsformen gemütsbedingter Vorgänge.

Ratio, rational: siehe Intellekt und mental.

Realität: Wörtliche Bedeutung: „Wirklichkeit“, wobei es eigentlich nur eine wahre Wirklichkeit (siehe Substanz) gibt, so daß alle anderen „Realitäten“, insbesondere die materielle gegenständliche Welt, nur Erscheinungsformen der einen geistigen Wirklichkeit sind.

Relativität, relativ: Wörtliche Bedeutung „abhängig, in Beziehung zu etwas stehend“. Da es nur eine wahre Wirklichkeit oder Substanz gibt, ist also alles, was das begrenzte menschliche Bewußtsein und Gemüt davon zu erfassen vermag, eben nur relativ.

Religion: Wörtliche Bedeutung „Rückbeziehung, Wiederverbindung“, also das jedem Menschen wesenhaft eingeborene Bestreben der Rückkehr in den göttlichen Urgrund und der vollkommenen Wiederverbindung mit dem Seelenwesen (siehe Bewußtsein, Gewahrsein). Nicht zu verwechseln mit *Konfession* (wörtliche Bedeutung „Bekenntnis“), also mit den verschiedenartigsten Religionsformen, in denen die überzeitliche und allgemeinmenschliche Religion zu räumlich und zeitlich bedingten individuellen Ausprägungen gelangt. Es gibt infolgedessen nur eine Religion und so viele individuelle Konfessionen, wie es Menschen gibt.

Samadhi: (Im Zen „Satori“, im Christlichen „Glückseligkeit“) ist die höchstmögliche Steigerung des menschlichen Bewußtseins zum reinen Gott-Bewußtsein, indem ich erkenne, daß „Gott durch mich und als ich wirkt“, und diese Erkenntnis mein ganzes Wesen restlos erfüllt.

Seele, seelisch: Die Schöpfungs-Ideen des „väterlichen“ Geistes werden von der „mütterlichen“ Weltseele empfangen und als konkrete Schöpfung „geboren“ (in der göttlichen Gesamtschöpfung ebenso wie in jedem menschlichen Schöpfungsprozeß). Alles in Erscheinung Tretende existiert also zuerst als Seele bzw. ist ein Teil der Weltseele in verschiedenartigsten Formen der Verkörperung. Ein lebender Mensch hat demnach nicht eine Seele, sondern er ist eine verkörperte Seele, die beim „Sterben“ ihre körperliche Hülle wieder ablegt. Und wie ein körperlicher Organismus aus den verschiedensten

Organen besteht, so besteht auch der seelische Organismus aus den verschiedensten unterbewußten, oberbewußten und überbewußten Bereichen.

spirituell: Gleichbedeutend mit geistig (hat also nichts mit „Spiritismus" zu tun, der sich mit „Geistern" und nicht mit „Geist" befaßt). „Spirituelle Vollkommenheit" bedeutet demnach die vollkommene Ausprägung und Auswirkung des geistig-göttlichen Wesens.

Substanz: Das eigentliche Wesen, der beständige Urgrund, das in allem Wandel der Erscheinungsformen stets sich selbst gleich Bleibende.

Synthese, synthetisch: Die Methode, durch Zusammenfassung oder Verschmelzung von Einzelteilen oder Teilbereichen zu immer größeren und umfassenderen Einheiten zu gelangen. Nur dadurch ist wirkliche Erkenntnis, immer tiefere Ein-Sicht und immer weitere Über-Schau überhaupt möglich. Die höheren Bewußtseinsbereiche der Imagination, Inspiration und Intuition sind daher Auswirkungen bzw. Anwendungen dieser wohl wichtigsten menschlichen Fähigkeit.

Traum der Sterblichkeit: Aus esoterischer Sicht ist dieses ganze der Sterblichkeit unterworfene Leben nur ein Traum, aus dem man eben durch die Erweckung oder Erleuchtung zum Bewußtsein des ewigen Lebens erwacht.

Visualisierung, visualisieren: Wörtliche Bedeutung „sichtbar machen", ist das Vermögen, reine Gedankenformen in möglichst plastische Vorstellungsbilder zu übertragen, also innerlich zu schauen (Goethe nannte dies „Anschauung"). Je besser dies gelingt, desto wirksamer ist die Praxis schöpferischer Imagination.

vital: Gleichbedeutend mit reaktiv oder organisch, d. h. leiblich bzw. triebhaft.

Wahrheit: Das höchste Bewußtsein, das in seiner Absolutheit dem begrenzten Denkvermögen unfaßbar bleibt, wohl aber für die unbegrenzte Seele unmittelbar erfahrbar ist (Samadhi).

Wahrheitslehre(r): Erhebt, richtig verstanden, nicht den Anspruch, die absolute Wahrheit lehren zu können, sondern zeigt jedem Menschen die Mittel und Wege, wie er zu seinem ureigensten „Gewahrsein" der Wahrheit gelangen kann (siehe Erweckung oder Erleuchtung).

Weitere Bücher von **Roy Eugene Davis**

Die Macht der Seele, erlebte Wirklichkeit — 200 Seiten, Paperback
Anleitungen und Wege, innere Kraft zu wecken, um sie ungehindert zum Ausdruck kommen zu lassen. Kommentar zu den Yoga Sutras von Patanjali

Wahrheitsstudien — 144 Seiten, Paperback
Hilfestellungen zur Anwendung geistiger Prinzipien im täglichen Leben, Eerweckung der Intuition

So erlangst Du Erfüllung — 80 Seiten, Paperback
Methoden und gezielte Informationen, die helfen, größere Gewißheit über den eigenen Lebensweg zu erlangen

Wie wir richtig und mit Erfolg beten — 48 Seiten, geheftet
Gesetzmäßigkeiten des Betens: Einfach und praktisch anwendbar dargelegt.

Bhagavad Gita – Eine göttliche Offenbarung — 156 Seiten, Paperback
Einführung und Kommentar. Gleichzeitig ein zuverlässiger Wegweiser durch den Irrgarten menschlicher Gedanken und Gefühle.

Bewußte Unsterblichkeit — 168 Seiten, Paperback
Erleuchtung als reale Erfahrung

Entfalte Dein inneres Potential — 184 Seiten, Paperback
Schritte zur Verwirklichung all dessen, was wir zur Erfüllung benötigen.

So kannst Du Deine Träume verwirklichen — 126 Seiten, Paperback
Die Technik der schöpferischen Imagination

Über den Autor

Roy Eugene Davis war direkter Schüler von Paramahansa Yogananda. Er lehrt seit 40 Jahren höhere Meditationsmethoden und die Grundlagen für spirituelle, mentale, emotionale und körperliche Gesundheit. Ebenso universell wie seine zahlreichen, in verschiedenen Sprachen übersetzten Bücher ist auch die Art seiner Lehrtätigkeit.
Alle seine Werke zeichnen sich dadurch aus, daß sie detaillierte Anleitungen enthalten, umfassendes Wissen vermitteln und praktisch anwendbar sind.

Rosemarie Schneider

Geistes-gegenwärtig leben

Ein **Buch** mit praktisch anwendbarem Wissen für einen im Alltag leicht begehbaren Weg zu einem erfüllten Leben.
Eine **Kassette**, mit der Sie die im Buch enthaltenen Übungen unmittelbar nachvollziehen und deren segensreiche Wirkung sofort an sich erfahren können. Einführung und Meditation, Kontemplation und Heilschlaf.
Ein **Notizbuch**, mit dem Sie sofort beginnen können, das gewonnene Wissen in die Praxis umzusetzen.
Geistes-gegenwärtig leben ermutigt Sie, Ihre verborgenen schöpferischen Kräfte zu wecken und in allen Situationen einzusetzen.

256 Seiten, Paperback, 90 Minuten-Kassette,
96 Seiten Notizbuch

Nancy Samalin

Dein Kind braucht mehr als Liebe

Nicht nur für Eltern mit Kindern, sondern für alle, die mit sich selbst und ihren Mitmenschen liebevoller und aufrichtiger umgehen möchten.
Die von vielen Eltern erprobten Regeln helfen, neue Wege im Zusammenleben zu gehen, Probleme zu lösen, Familiensituationen zu verbessern, festgefahrene Situationen aufzulösen.

Eine spannende Lektüre mit durchweg praktischen Anleitungen und Beispielen für bewußte und leichtere Beziehungen.

240 Seiten, Paperback

Bücher aus dem Verlag CSA

Roy Eugene Davis

Bewußte Unsterblichkeit	ISBN 3-922 779-07-7
Bhagavad Gita	ISBN 3-922 779-06-9
Die Macht der Seele	ISBN 3-922 779-03-4
Entfalte Dein inneres Potential	ISBN 3-922 779-10-7
Enthüllungen verborgener Lehren Jesu	ISBN 3-922 779-01-8
Gesundheit, Heilung und erfülltes Leben	ISBN 3-922 779-00-X
So erlangst Du Erfüllung	ISBN 3-922 779-14-X
So kannst Du Deine Träume verwirklichen	ISBN 3-922 779-02-6
Wahrheitsstudien	ISBN 3-922 779-05-0
Wie wir richtig und mit Erfolg beten	ISBN 3-922 779-16-6

Günter A. Furtenbacher

Freiheit – eine Sammlung	ISBN 3-922 779-23-9
Freude – eine Sammlung	ISBN 3-922 779-21-2
Gesundheit – eine Sammlung	ISBN 3-922 779-24-7
Heilung des inneren Kindes – eine Sammlung	ISBN 3-922 779-26-3
Ja zum Leben – eine Sammlung	ISBN 3-922 779-19-0
Liebe – eine Sammlung	ISBN 3-922 779-18-2
Saatgedanken des Glücks	ISBN 3-922 779-20-4

Ernest Holmes

Das hilft mir heute	ISBN 3-922 779-12-3
Der Schlüssel zu Deinem wahren Wesen	ISBN 3-922 779-08-5
Der Schlüssel zum wahren Leben	ISBN 3-922 779-09-3
Die Vollkommenheitslehre	ISBN 3-922 779-13-1
Lehrgang zur Vollkommenheitslehre	ISBN 3-922 779-11-5

J. Sig Paulson

Wunderwirkende Gedanken	ISBN 3-922 779-15-8

Rosemarie Schneider

Geistes-gegenwärtig leben	ISBN 3-922 779-17-4

Nancy Samalin

Dein Kind braucht mehr als Liebe	ISBN 3-922 779-22-0

Wallace D. Wattles

Das Gesetz des Reichwerdens	ISBN 3-922 779-25-5

Centrum für Selbst-Aktvierung e.V.

Unser Ziel ist es:
praktische und erprobte Wege aufzuzeigen, wie wir unser Potential in größerem Maße entdecken und aktivieren können für:

- verbesserte Gesundheit
- psychisches Wohlergehen
- harmonische Beziehungen
- Selbsterkenntnis und freien Selbstausdruck

Wir helfen Ihnen:

- sich leicht zu entspannen und Ihre inneren Heilkräfte zu aktivieren
- sich selbst von Streß und ungesunden Gewohnheiten zu befreien
- Ihre Konflikte zu bewältigen und Krisen als Chancen zu nutzen
- Frieden in sich selbst zu finden
- Frieden mit den Eltern zu schließen
- harmonische Beziehungen zu führen
- Erfüllung in der Partnerschaft zu erleben
- neue Wege in der Kommunikation zu gehen
- erfolgreich zu sein und in Fülle zu leben
- Ihre Bestimmung, Ihr wahres Wesen und Ihre Fähigkeiten klar zu erkennen und frei zum Ausdruck zu bringen

Wir führen durch:
Vorträge, Tages- und Wochenendseminare, Intensiv-Workshops, Intensivseminare und Aktiv-Urlaube, internationale Tagungen und Kongresse, Meditations- und Gruppenabende, Ausbildungen zum Lebensberater, Gruppen- und Seminarleiter, Jahrestrainings.

Als Methoden zur Selbst-Aktivierung vermitteln wir Ihnen:

- Entspannungsübungen, Hatha-Yoga und Körperübungen
- Ganzheitliches Atemtraining, Konzentrations- und Willensschulung, BEWUSST ESSEN, Focusing
- Meditationsmethoden, Bejahungen, Spirituelle Gemütsbehandlung
- Ziel- und Zeitplanung, Harmonieübungen, Schöpferische Imagination
- Erweckung der Intuition

Auf Anfrage erhalten Sie gerne kostenlos eine Ausgabe des CSA Magazins mit dem aktuellen Veranstaltungskalender und weiterem Informationsmaterial